Eight Strategy to
Become a Millionaire

백만장자가
되기 위한
8가지전략

편저 김성광

백만장자가 되기 위한 8가지 전략

초판 1쇄 펴낸날   2010년 9월 20일

지은이   김성광
펴낸이   임동선
펴낸곳   늘푸른소나무

등록일자 1997년 11월 3일
등록번호 제313-2003-300호
주소   서울시 마포구 성산동 278-41 성신빌딩 202호
전화   02-3143-6763~5
팩스   02-3143-3762
E-mail   esonamoo@naver.com

ISBN 978-89-88640-90-6   13320

백만장자가 되기 위한 8가지전략

돈을 버는 비결

'속담에 세 동네가 망해야 부자 하나 난다' 고 하였다. 부자들을 매우 경멸한 말이다.

부자를 구분할 때 과거엔 주로 쌀섬을 기준하였는데, 천석꾼은 지신 (地神)이 내고 만석꾼은 하늘 신(天神)이 낸다고 했다.

동네에 이런 부자가 살면 벼슬도 사고 많은 노비를 부릴 수도 있었으며 수많은 소작농을 두어 넓은 토지를 경작해 더 많은 소출을 얻기도 하였는가 하면 부의 축적을 대대로 이어가기도 하였다.

그러나 고대는 물론 현대의 부자반열 모두 그리 존경받지 못했다. 부자 반열이 잘못한 행사가 많았기 때문이다. 그 잘못 중엔 재물의 힘을 빌려 빈자를 핍박한 사건들이 많았기 때문이었다. 한편으로 부자는 소수요 빈자는 절대 다수여서 시대를 불문하고 상대적 박탈감, 상대적 빈곤감, 시기심 등이 보편타당하게 작용하여 지워지지 않을 오해와 뿌리 깊이 박힌 부정적인 인식을 하게 된 탓도 그 원인으로 배제할 수 없을 것이다.

부자들의 근면, 성실, 지혜, 검소, 혜안과 같은 유익한 습관은 누구나 배워야 한다. 그러나 누구에게나 있을 법한 그러한 습관이 그들에게 좀 더 훌륭하게 적용되어서 부자가 존경받아야 하는 것은 결코 아니다.

이와는 반대로 부자들의 금력에 대한 갈구, 금력을 사용하는 야멸스런 방법, 지독하리만큼 인색한 생활습관, 돈을 다루는 이기적 자세, 이런 것들이 그들을 부자반열에 들게 한 것이므로 존경받아야 하는 것이다.

무슨 괴변인가 하겠지만, 이런 몸에 밴 습관을 동료인간들에게 그대로 적용하기란 너무너무 모질고 어려운 일이었는데도 그것을 온전히 적용하고 달성하여 부자반열에 든 것이므로 필자는 그 점이 존경스럽다는 것이다.

그렇다면 부자가 못되는 대다수의 사람은 바로 이런 특질의 결여로 대단히 모질게 살지 못했기에 부자가 못된 것이라고 보는 것이 타당하다.

그리고는 운명 탓을 하거나 운 탓을 한다. 부모 탓을 하고 형제자매 탓을 하고 친구 탓을 하는 것이다. 거의 원망으로 도배된 삶을 살아가고 있는 것이다.

그런 마음가짐을 가지고 세상에 빗대어 세상이 불공평한 편협의 온상이라 비판하고 비관하기도 한다. 부자로 사는 사람을 보면 손가락질 하고 착취의 온상이자 대도로 여기며 경멸하기까지 하는 것이다.

그러나 이 모든 마음은 버려야할 부질없는 낡은 유물이다. 모든 문제는 나에게서 찾아야할 것이다. 나로 인해서 그토록 평안하고 안락하게 인생을 향유하고자 하는 부자반열로 살아가지 못하게 되었음을 인식하여야 할 것이다.

저자인 나는 이 책을 통해 적어도 대한민국의 모든 국민들이 만석꾼으로 살길 바란다.

부자반열을 질시와 멸시의 대상으로 보지 말고 그들을 이해하고 마음에 받아들여라. 오로지 손가락질 할 것이 아니라, 그들을 그 자리에 있게 한 요인이 무엇이었나를 연구하고 따라해 보아서 꼭 만석꾼에 해당하는 부자가 되길 바란다.

부자로 산다는 것은 새로운 세상과 만나 호흡하는 것이라고 말하고 싶다.

새 세상엔 공기도, 빛깔도, 디자인도 다르다. 세포의 반응조차 다르다.

부자는 하늘이 내는 것이 아니라 과학적 삶을 통해 체계적으로 이룩되는 하나의 퍼즐이다. 갑갑해 하지 말고 차근히 맞추어 나가면 충분히 완성할 수 있는 인생의 목표이다. 그리고 누구나 이룰 수 있는 현실이다.

이 책을 읽는 모든 독자 분들이 그런 목표를 꼭 달성하길 진심으로 기원 드린다.

차 례

제1전략

흔들림 없는 성공을 손에 넣는 비결

 # 돈을 모아들이는 것은 긍정의 힘이다

항상 미소를 짓고 있는 사람에게는 나름의 성공법칙이 존재한다. 그것은 바로 긍정이요, 웃음이다. 긍정은 내면의 힘이라는 말이 있다. 밝은 생각과 밝은 미소는 바로 자신에게 좋은 일이 되어 돌아오기 마련이란 뜻이다.

크리스마스의 단골 만화 중에는 '스크루지'가 있다. 구두쇠 할아버지의 이야기를 담고 있는 그 만화에는 주인공 스크루지가 등장한다. 우리 생활주변에도 이 만화에 등장하는 스크루지처럼 구두쇠들이 많다. 이들 구두쇠에 대해 알고 있는가. 구두쇠들은 꼭 써야할 돈만 사용한다. 사실 구두쇠란 낭비 없이 돈을 사용할 줄 아는 사람이다. 검소함과 절약정신이 몸에 밴 채 생활하는 그들은 그런 정신에 의해 부자의 반열에 올라 선 사람이다.

누구나 마음속에 아끼려는 정신은 있다. 그런데 물건과 돈을 아끼는 정신을 십분 발휘하고자 생각하고 있다면 어떻게 실천해야 할까. 먼저 아끼는 마음, 소중히 여기는 마음에서 시작해야 한다. 모든 일의 시작은 마음이고 문제의 근원도 마음인 셈이다. 우리가 사용하는 물건에 대하여 감사하는 마음을 가진다면 자연 그것이 소중하게 여겨질 것이다. 희소가치를 부여하여 그것들의 소중한 의미를 깨달을 때야말로 우리 마음 안에 구두쇠가 자리잡고 앉게 될 것이며 부자가 될 수 있는지 없는지 비로소 떡잎을 내보이는 순간이 될 것이다.

자신이 사용하는 물건에 감사하는 마음을 갖고 그것을 소중히 여긴다면 이는 곧 모든 부면의 절약으로 이어질 것이다. 주변 사물에 대하여 소중한 마음과 경의를 담아 고맙게 바라보자. 그렇다면 곧 돈을 모아 부자가 되는 아주 중요한 비결로 작용하게 될 것이다.

 # 성공한 부자들이 가진 다섯 가지 힘을 키워라

성공한 부자들은 보통사람이 가지지 못한 힘이 있다. 바로 창조력, 행동력, 통솔력, 설득력, 인간적 매력 이 다섯 가지의 힘을 가지고 있다. 특히 맨몸 하나로 시작해서 성공했다는 사람치고 이 다섯 가지의 힘을 가지지 않은 사람은 없다. 즉 다섯 가지의 힘을 키우면 누구나 성공할 수 있다는 말이다.

하나! 인간적으로 매력적인 사람이 되어야 한다.
성공한 사람들은 사람들의 도움을 얻어내는데 유리한 인간적인 매력이 있다.
둘! 설득하는 힘이 있어야 한다.
성공한 사람들은 사람과 사람의 교섭에서 상대를 설득하는 힘이 있다.
셋! 행동하는 힘을 키워라.

성공한 부자들은 발상한 것을 실현시키려는 확실한 행동력이 있다.

넷! 창의력이 돈이다.

성공한 부자들은 물건을 만들어 내는 창조의 힘과 무언가를 발상해 나가는 힘이 있다.

다섯! 통솔하는 힘을 길러라.

성공한 부자들은 따르는 사람이나 상대를 통솔하는 힘이 있다.

당신이 진정으로 성공하기를 원한다면 이 다섯 가지의 힘을 가져야한다. 항상 마음속에 새기고 그 힘을 키워 가는 노력을 게을리 하지 않는다면, 또한 근성을 가지고 끊임없이 돈 버는 연구를 하고 실행에 옮기는 것을 수없이 반복한다면 당신은 반드시 성공한 부자의 한 사람이 되어 있을 것이다.

 # 모두와 같다면 부자가 될 수 없다

현대는 창조의 시대라고 해도 과언이 아닐 것이다. 무궁무진한 정보가 있고, 더욱 더 다양함을 추구하는 사람들이 있고, 숨은 사람들의 더욱 기발한 상상력에 감동하곤 한다. 이런 시대 사람들에게 창조성의 결여란 곧장 살아남기 힘듦을 의미한다.

대형화, 멀티화 되고 있는 현대의 사회시스템 구조는 경쟁의식도 더욱 부추기고 있다. 중소기업들은 태만한 서비스와 품질로 고객을 찾아갈 수 없다. 변화하지 않는다면 대기업의 대형시스템과 겨루기 힘든 상태이다. 예를 들어 남들과 똑같은 가격과 서비스를 가진 슈퍼마켓을 창업했다고 가정하자. 똑같은 서비스를 다른 곳에서도 경험할 수 있기 때문에 사람들은 굳이 그 슈퍼마켓에 가려고 고집하지 않을 것이다. 이는 그 슈퍼마켓을 찾게 되는 확률을 낮추게 된다. 더불어 대형마트가 밀집해 있는 중심상

권 근처라면 사람들은 슈퍼마켓을 가는 대신 다양한 상품이 더 많은 대형마트를 선호하게 된다. 결국 똑같은 형태로 사업을 진행한다면 머지않아 부도위기에 몰리고 마는 것이다.

 창조적인 사고란 무엇인가. 그것은 무(無)에서 유(有)를 만들어 내는 하나의 생산이다. 창조적 사고에 기인한 독창적인 시스템은 사람들의 호기심을 자극할 것이고, 이것은 곧 소비로 이어지도록 만들 수 있다. 창조적인 사고란 작고 보잘것없는 아이디어에서부터 출발한다. 부자가 될 소질이 있는 사람이라면 주변 사물을 항상 아이디어 뱅크로 대할 것이고 주시할 것이다. 그리고 끊임없이 노력하여 결국 창조적인 경영시스템을 만들어 대기업의 물량 공세에 대응할만한 충분한 방비책을 찾을 것이다.
 앞서 남들과 같은 가격, 같은 서비스로 적은 돈을 들여 동네에

슈퍼마켓을 창업한 창업자가 있다면 주변 중심상권에 떡하고 버티고 선 대기업의 물량공세에 어떻게 맞설 수 있을 것인지 생사를 걸고 연구해야할 것이다. 아마도 이 책을 다 읽는 동안 적절한 해답을 찾게 될 수도 있을 것이다.

또 하나 예를 들어 최근에는 흔히 볼 수 있는 TAKE-OUT 형태의 커피점을 살펴보라. 상가와 빌딩이 많은 도시형 상권에서 먼저 붐을 일으키기 시작한 이 테이크아웃 커피점은 바쁜 현대인을 노린 획기적인 아이디어였다. 도시 한복판에는 늘 움직임이 잦은 회사원들이 많다. 그들의 바쁜 생활 스케줄을 고려해 커피점 사장은 들고 다닐 수 있도록 커피를 판매했고 이것은 곧 고객의 요구를 만족시켜 크게 대중화가 되었다. 주변에 흔히 존재하는 커피점이었지만 테이크아웃이란 아이디어의 창조는 이처

럼 생각지도 못한 큰돈이 될 수 있다. 이 마케팅 기법은 주변 수요를 확인하여 착안한 독창적인 것이었고 판매를 극대화할 수 있는 최고의 판매시스템으로 자리 잡았다.

 이처럼 독창적인 사고나 창조적인 아이디어는 멀리 있는 것이 아니다. 부지런히 주변을 관찰하고, 대응해 나가면 그것이 새로운 창조인 것이다. 작은 인식의 변화, 바로 이것이 독창적으로 돈을 벌 수 있는 지름길인 것이다.

 부자가 될 수 있는 두 가지 사고의 전환

부자가 되고 싶은가? 여기 돈을 만드는 사고의 전환법, 두 가지를 소개 하고자 한다.

첫 번째, 트라이앵글 사고법이다. 현대에 있어서 하나의 생각, 아이디어만으로는 승부를 내기 어렵다. 두 가지 이상의 아이디어를 접목시켜 그것을 통해 새로운 창업을 하는 것이 바로 트라이앵글 사고법이다.

예를 들어 1차적으로 생산을 하고 있다면, 이를 이용하여 여러 단계의 유통 절차를 걸치지 않고 직접 판매를 계획해보자. 유통 단계에서 들어가는 수많은 비용이 절감되기 때문에 소비자와 판매자 모두 이익을 얻을 수 있는 좋은 기회가 될 수 있다. 구체적으로 이러한 생산판매라인 구조는 몇 가지의 효과를 얻게 된다. 첫째는 앞서 말한 유통비 절감과 두 번째는 제품에 대한 신뢰와

자신감이다. 생산자는 원가에 파는 것이 아니라, 직접 판매를 통하여 중간 단계인 유통마진을 모두 갖게 되고 이를 통해 두 세배 이상의 돈을 더 벌게 되는 셈이다. 결국 생산과 유통, 판매로 세 가지 동시효과를 가질 수 있는 것이다.

　요즘 사람들을 보면 TWO JOB을 갖는 경우가 많다. 두 가지 일의 접목은 부지런히 움직이는 사람만이 누릴 수 있는 특권이다. 그들은 두 배의 보수를 받고, 또 두 배의 자금 활용을 할 수 있다. 이를 통하여 제곱의 효과를 누리게 되는 것이다.

　둘째, 일류지향 상술이다. 일류지향이란 인생을 살아가는 주인공 누구라도 가져야할 기본자세 중 하나이다.

　일류지향을 위해선 먼저 주인의식을 가져야 한다. 하나의 상품 판매에 있어서 주인부터 일류를 지향하고 있다면 소비자 또한 일류제품에 대한 만족과 신뢰를 얻어 재 구매를 하게 된다. 또한

일류를 지향하고 있는 판매자라면 제품에 대한 자신감을 갖게 된다. 이는 진취적으로 회사를 운영하게 되는 힘으로 작용할 수 있다.

일류는 일류를 알아보는 법이다. 소비자에게 신뢰를 얻고 일류를 지향한다면 장기적으로는 기업의 이미지 제고와 브랜드가치 상승에 도움을 줄 것이다. 이는 결국 더 많은 제품 판매에 긍정적인 영향을 미치게 된다. 돈을 모으는 것 또한 이와 마찬가지다. 최고가 되기 위해 부지런함을 갖고 최선을 다한다면 이 또한 일류가 되는 길이라 하겠다.

부자가 되기 위한 두 가지 사고! 즉 트라이앵글 사고법과 일류지향 상술을 갖는다면 부자가 되는 길은 멀지 않을 것이다.

 부자가 되기 위한 돈이 모이는 지갑을 만드는 십계명

　　나에게는 "돈이 모이는 지갑"이라는 것이 있다. 나의 지갑에 한번 돈이 들어오면 잘 나가지 않는다. 돈 모이는 지갑을 만들고 싶다면 오늘부터 지갑을 열 때마다 다음의 십계명을 지켜 행하라.

1. 감사하는 생활을 하라.

　항상 불평, 불만을 하는 사람에게는 돈이 모이지 않는다는 것이다.

2. 자기 수입 이하의 생활을 하라.

　당연한 이야기겠지만 수입 이상의 생활을 하면 생활이 어렵게 된다.

3. 돈과 물건을 소중히 여겨라.

4. 자신의 건강을 지켜라.

　자심의 몸만 건강하다면 일은 얼마든지 할 수 있다. 아프면 병원에 가서 치료받는 비용으로 돈을 많이 지출하게 된다.

　5. 항상 절약하라.

　구두쇠 같은 생활을 하면 돈은 모이게 된다.

　6. 일을 취미처럼 즐겨라.

　7. 독립심과 자존심이 강한 사람이 되어라.

　8. 화목한 가정을 만들어라.

　부부 사이가 나쁘거나 집안 분위기가 뒤숭숭하면 바깥일도 잘 안되어 돈이 모이질 않는다. 만약 부부 싸움을 하면 밖에서 밥을 사 먹게 되고 세상을 한탄하며 술을 계속 마시며 심지어는 바람을 피워 심한 경제적 손실을 가져오기도 한다.

　9. 한 우물만 파라.

　다른 사람의 도움을 받지 않고 열심히 일하며 한 우물만 파는

사람은 언젠가는 성공한다.

10. 이익에만 집착하지 말라.

눈앞에 이익에 급급하지 않고 멀리 보고 일해야 얻어지는 이익이 많다.

위의 10가지 중에서도 두 번째 '수입 이하의 생활을' 하는 것이 가장 어려울 것이다. 신용카드(외상카드)의 유혹에 빠지지 말고 수입 이하의 생활을 하는 것이 부자가 되는 초석을 다지는 것이다.

 부자가 되기 위해 돈을 모으고 싶다면 세 가지 유혹으로부터 벗어나라

사람들은 큰돈을 마련하기 위해 은행을 찾아 저축을 한다. 대학 등록금이나 결혼자금 등 목돈이 들어가는 일을 대비하기 위해 또는 개인의 여러 가지 목표를 위해 돈을 모은다. 그런데 돈을 모으는 일에도 일정한 시기와 규칙이 존재한다는 것을 알고 있는 사람은 얼마나 될까? 이번 장에서는 돈을 모으기 위한 적절한 시기와 방법을 소개하고자 한다.

먼저 저축을 하기 가장 좋은 시기는 언제일까? 돈을 모으기 가장 적절한 시기, 그것은 학업을 졸업한 후 10년간의 기간이다. 이 시기는 가정을 만들기 전으로 저축을 가장 쉽게 할 수 있는 시간이다. 개인적인 취미 및 오락시간, 갖가지 생활자금 이외엔 돈 들어갈 일이 별다르게 없기 때문이다. 그렇기 때문에 이 시기에는 큰돈을 저금할 수 있고 자신이 마음만 먹는다면 만드는 금액은 천차만별이 된다. 만약 이 시기를 허비하고 결혼을 하게 된

다면 새로운 보금자리를 구해야 하고, 자녀 양육 등의 경비로 저금을 충분히 해나가기란 쉽지 않다. 돈을 벌면서 가장 많이 모을 수 있는 시기, 그것은 싱글 라이프를 즐기는 바로 젊은 시절이다.

젊은 사람들은 이 황금 같은 시기를 놓치기 쉽다. 특히 젊었을 때 돈 모으기를 힘들게 하는 세 가지 유혹이 있는데, 그것은 음식, 자동차, 음주 흡연습관 이다. 그러나 이 모든 것은 적당한 통제습관을 가지고 있다면 모두 즐겁게 물리칠 수 있는 유혹이다. 기름지고 값비싼 음식은 오히려 성인병을 불러일으킬 수 있다. 모자란 것만 못한 과한 욕심에서 벗어나 영양상태의 균형을 이룰 수 있는 적당한 음식섭취가 중요하다. 음식의 탐욕에서 비롯된 과소비에서 벗어나 적당함을 즐기려고 한다면 이는 충분히 해결되리라 본다.

'젊을 때 고생은 사서도 한다.' 라는 말이 있다. 운반직을 직업으로 삼고 있지 않다면, 자동차로 인하여 일부러 하체를 약하게 만들 필요가 없다. 자동차보유는 보험료 및 유지비용이 상당하기 때문에 적금 붓는 일에 악영향을 미친다. 또한 소비를 촉진하는 음주 흡연도 건강에 해로움을 미칠 뿐 길가에 돈을 뿌리는 행위와 다르지 않다. 음주 흡연은 개인적 기호로 치부되지만, 10년 20년의 장기간을 바라보고 그 소비를 계산해본다면 엄청난 금액이다. 그러므로 건강에도 해롭고 타인에게 피해를 줄 수 있는 이 습관들을 고쳐간다면 적금하기에 좋은 영향을 미치게 된다.

돈을 모으는 적당한 시기는 바로 취업과 동시에 시작된다. 싱글 라이프의 시기를 노려라! 가정을 꾸리기 직전까지 개인의 삶을 성실하게 즐기며 미래를 준비하는 것은 노후를 보다 멋지게, 큰 목돈을 마련하여 더 큰 돈으로 불릴 수 있는 부자의 기반이 될 것이다.

부자가 되기 위해 꿈을 꾸는 사람들에게 불가능이란 없다

꿈을 꾸는 사람들에게 불가능이란 없다. 꿈이란 미래라는 단어와 연결된 희망적인 의미다. 꿈을 꾸는 사람들은 현실적으로 어려운 것도 이겨낼 수 있게 하는 긍정의 힘을 갖고 있다. 부자가 되고 싶다면 명심하라. 꿈을 꾸는 사람의 모습을 닮아야 한다.

세상에는 황당무계하고 꿈같은 이야기를 자주하거나 현실 속에서는 이루기 불가능한 이야기를 늘어놓는 사람이 많다.

그런데 성공한 사람들을 보면 그렇게 꿈을 늘어놓다가도 꿈을 꾸는 것만으로 끝내는 것이 아니라 꿈을 실현시키려고 노력하는 사람이 있는가하면 꿈을 이룬 사람들이 의외로 많다는 것이다.

예를 들어 최근 로봇산업이 조금씩 호황을 누리고 있다. 지능형 로봇청소기가 가정에 보급되기 시작했다. 손가락을 자유자재로 사용하여 인간의 기능을 대신할 수 있도록 발전시키고 있다. 특히 정교한 로봇을 이용하여 의료수술 등에도 활용한다.

　과거 누군가에게 로봇활용에 대한 의견을 처음 접했을 때는 황당무계한 헛소리에 지나지 않는다고 생각했던 일이 불과 십 년 사이 이렇게까지 발전할 줄은 몰랐다. 이렇듯 꿈을 꾸는 사람이 있다면 이를 활용하여 꿈을 현실화 시키는 사람도 존재한다. 로봇 청소기와 같은 상품이 특허권을 얻어 이제 보편화되기 시작한다면 어마어마한 큰돈이 될 것이다.

　새로운 발견은 이 발견을 구체화 시키려는 사람들의 의지로 시작된다. 꿈을 꾸고 있다면 꿈을 현실화하기 위해 노력하는 일과 상통해야 할 것이다. 자유로운 상상을 하고, 상상을 활용하는 행위가 함께 따라야 할 것이다. 이렇게 하는 것은 결과적으론 부자가 되는 길에 깊숙이 닿아 있다고 말할 수 있다.

　그러므로 큰 꿈을 품어야 큰 성공이 보장됨을 명심하고, 보다 더 높은 곳을 향해 매진해야 할 것이다.

 부자가 되기 위해 버려야 할 것들

사회라는 대규모의 관계집단 속에서 살아가고 있는 인간은 다양한 감정을 공유하여 적응해 나간다. 이때 우리에게 불필요한 감정들이 인간 상호간의 교류로 인하여 발생하게 되는데, 가장 대표적인 감정이 허세라는 것이다.

허세란 무엇일까?
에르메스나 구찌, 롤렉스시계를 차는 것을 자랑으로 여기는 사람들이 바로 그 대표적 허세의 예일 것이다. 상류사회의 일원이라도 되는 양 사람들 앞에 보여주기 위해 불필요한 돈을 쓰는 것은 허세의 극치가 아닐 수 없다. 그들은 자신을 치장하는 옷이나 물건들, 경험들에 의해 사람이 평가된다고 생각한다.

그러나 이러한 허세적 감정은 자신 한사람에게만 내재된 것이 아니다. 모든 사람들에게 다양하게 내재된 사람들 마음속의 숨

겨진 본능이다. 그러니 혼자 부리는 허세나 허영은 다분히 기만적이 아닐 수 없다는 것이다.

고마움에 대한 답례를 무리하게 하는 행위나 일상생활에서 밥보다 비싸고 원가보다 몇 배의 값을 주고 마시게 되는 콩다방 및 별다방의 커피만을 선호한다면 이 또한 허세의 일종일 것이다.

허세라는 것을 긍정적으로 봐준다면 본인에게 일종의 정신적 만족을 불러일으켜 좀 더 나은 생활을 꿈꾸게 하는 동기부여가 될 수도 있을 것이다. 그러나 자신의 처지에 무리한 돈을 투자하게 된다면 이후 돈을 모으는데 악영향을 미치게 된다. 저금을 하기 힘들어지고 도리어 빚을 안게 된 케이스도 있다. 허세는 부자가 되기 위해 버려야 할 가장 중요한 감정임에 틀림없다.

부자가 되기 위해서 버려야 할 것은 또 무엇이 있을까.

앞서 말한 대표적 허세의 감정을 가장 먼저 버리고 다음으로 의리와 정, 부끄러움 등의 도를 넘친 사치스러운 감정 또한 반드시 버려야 한다. 가장 중요한 것은 자신의 처지에 맞게 그리고 좀 더 절약하며 현실적으로 계산해 나갈 수 있는 능력이다. 당신이 만약 허세와 쓸데없는 감정의 낭비에서 벗어난다면 부자가 되기까지 멀지 않았을 것이다.

 # 부자가 되기 위한 운을 부르는 말

성공하고 싶은 사람이라면 반드시 지켜야할 사항들이 있다. 어떠한 상황에서도 지켜야 하는 덕목들, 이 장에서는 운을 부르는 말을 살펴본다.

첫째, 서두르지 말라.

조급함은 다른 것을 돌아볼 수 있는 여유를 잃게 한다. 그것은 주변에 있는 행운을 담을 수 있는 기회를 놓치는 것과 다름없다. 물론 일이 주어진다면 빨리 해결해 나가는 것이 중요하다. 그러나 큰일이 닥친다면 무엇보다 신중해야할 필요성이 있다. 일을 서두르지 말라. 이것을 명심해야 한다.

둘째, 마음을 원만하게 가지고 화를 내지 말라.

화를 잘 내는 사람은 절대 성공할 수 없다. 주변 사람들은 그를

불편하게 여길 것이며, 사람들은 하나 둘 그를 신뢰하지 않고 떠날 것이다. 인맥은 부자가 되기 위해 가장 필요한 요소 중의 하나이다. 그런데 사람들이 그와 적이 되거나 그를 불편하게 여긴다면 될 성 싶은 일도 실패로 끝날 수 있다. 항상 친절함을 잃지 말아야 한다.

셋째, 자신을 낮추고 다른 사람을 높여라

누구에게나 자신을 높이고 싶은 욕구가 있다. 그런데 상대를 낮추거나 혹은 자신을 과대 포장 한다면 그것은 도리어 신뢰를 얻지 못하고 친밀감을 저해할 것이다. 자신을 낮추고 오히려 어느 정도의 겸손을 나타내라. 다른 사람을 높임으로써 친밀감을 형성시킬 수 있음을 잊지 말아야 한다.

운을 부르는 말은 사실 특정한 것이 아니다. 진심을 다해서 상대를 배려하는 힘이 바로 운을 부를 수 있는 비결이다.

 # 부자가 되기 위한 일곱 가지 마음 속 보물

불교의 교리를 살펴보면 잡보장경에서 무재의 7시라는 말이 있다. 이것은 창고에 보물을 쌓아 두는 것이 아니라, 자기의 마음 속에 보물을 쌓아야 그것이 아주 큰 덕으로 이어진다는 내용이다. 다음은 그 일곱 가지의 재산을 나타낸다.

첫째, 안시(眼視)라는 것은 눈으로 해야 하는 것을 말한다. 이는 마음을 깨끗하게 보존하고 눈의 표정도 부드럽게 하며 스스로 좋은 기분을 가져야 다른 사람에게 보다 좋은 인상을 준다는 가르침이다. 사람들에게 보여 지는 이러한 인상은 신뢰감을 쌓고 그 사람의 긍정적인 이미지를 통해 이후 중요한 자리에서 큰 덕을 쌓을 수 있는 기반이 될 것이다.

둘째, 화안열색시(和顔悅色施)를 말한다. 화안열색시란 웃는 얼

굴이다. 항상 웃는 얼굴은 자기 자신에게 엔도르핀을 발생시켜 기분을 좋게 만들 수 있다.

셋째, 언사(言事)시는 말에 관한 것으로 욕을 하거나 투덜대지 말라는 뜻이다. 진실한 마음에서 나오는 진실한 말은 곧 사람을 움직일 수 있다.

넷째, 심시(審視)다. 이것은 진실한 마음으로 사람을 대하라는 가르침이다. 진심은 사람을 움직일 수 있는 특별한 감정이다. 가식 없이 우러난 마음은 상대에게도 전달되는 법이다.

다섯째, 신시(身施)를 가리킨다. 즉 노동에 관한 가르침인데, 약한 사람, 곤궁에 처한 사람에게는 힘을 빌려 주되 그 보답을 바라거나 생각하지 말라는 것이다.

 여섯째, 상좌(相左)시는 자리를 남에게 양보하라는 일이다. 가령 물건을 든 어른이나 어린이에게 자리를 양보하는 마음을 가지라는 가르침이다. 항상 누군가를 배려하는 마음을 가진다면 그것은 언젠가 자신에게 돌아올 수 있다.

 마지막으로 방사(房舍)시다. 어떤 곳에 살고 있든지 주위를 청결하게 하라는 가르침으로 이는 곧 자기 자신도 건강해지고 다른 사람도 좋은 인상을 받아 모두 기분 좋게 일이 된다.

 일곱 시의 행위는 대가를 바래서는 안 된다. 늘 진정으로 마음에서 우러나온다면 그것은 이후 큰 덕으로 돌아올 것이다. 운을 부르는 것은 대단한 행위에서 찾아오는 것이 아니다. 가장 가까이에서 쉽게 할 수 있는 마음이란 보물을 움직이는 것이다.

 재산을 잃을 수 있는 상황을 위한 16가지의 교훈

금전 운을 붙잡기 위해서는 절대 해서는 안 되는 행위가 있다. 이 장에서는 돈을 부르기 위해 우리가 절대 해서는 안 되는 행동들을 정리해 본다.

첫째, 미식(美式)·호색에 빠지거나 비싼 옷만 입지 말라.

둘째, 내가 하자는 대로 다 들어주거나 딸에게 잡기(雜技)를 가르치지 말라.

셋째, 아들에게 쓸데없는 예능을 가르쳐서는 안 된다.

넷째, 돈이 드는 운동을 즐기지 말라.

다섯째, 고급스러운 취미에 빠져서는 안 된다.

여섯째, 쾌락적 유희는 삼가라.

일곱째, 도박 같은 내기를 하지 말라.

여덟째, 자기 일 외에 다른 것에 한 눈 팔지 않는다.

아홉째, 일확천금 같은 허황된 꿈을 꾸지 말라.

열째, 일에 중재인을 끌어들이거나 보증인이 되어 날인을 하지 말라.

열한 번째, 땅 투기의 허가를 얻으려고 소송을 하거나 관여를 하지 말라.

열두 번째, 술은 물론 담배를 삼가고 목적도 없이 번화가에 가지 말라.

열세 번째, 기부금을 내고 명예를 사려고 애쓰지 말라.

열네 번째, 가업이 아닌 한 공예품 같은 것을 수집하지 말라.

열다섯 번째, 폭력배에게 얼굴을 알리거나 술집을 가까이 하지 말라.

열여섯 번째, 이자는 당시 최고 금리 이상 받지 말라.

# 부자가 되기 위한 단계적이고 확실한 목표 세우기

보험을 하는 사람들이 인생의 목적과 재정 상태를 정리해주기 위해 상담 전 꼭 하는 조사가 있다. 바로 상담자의 라이프 플랜을 통한 개인의 인생 계획이다. 이것은 인생의 주기를 평균 수명으로 나눈 후 자신의 인생의 목표를 나이별로 정리해놓은 것을 말한다. 예를 들어 스무 살에 원하는 대학 입학과 졸업, 이후 25살에는 취업 및 저축, 30이 되기 전 결혼 및 40세에 내 집 장만, 45세에 기업경영 등의 목표이다. 이렇게 라이프 플랜을 세우면 자신의 인생이 어느 정도의 목표를 가진 채로 확실하게 항해하는 느낌을 받을 수 있다.

목표가 없는 인간은 나태해지기 쉽고 쾌락에 빠져 쉽게 무너질 수 있다. 즐거움은 누구나 갖고 싶어 하는 본능적 욕망이다. 그렇게 때문에 빠져 나오기란 어렵다. 인간은 이러한 유혹으로부

터 벗어나 확실하고 구체적인 계획을 통하여 늘 노력하는 삶을 살아야 한다. 성공하려는 사람들의 목표는 한 결 같이 크면 클수록 좋다고 한다. 목표가 크면 그 커다란 목표 달성을 위해 자신을 채찍질하며 고된 노력을 계속하기 때문이다.

스포츠 시합에서 일 대 일로 싸우는 경기는 내가 상대방을 이겨야만 승리하고 더 큰 상대와 맞붙을 수 있는 자격이 주어진다. 인생은 이처럼 WIN-WIN GAME과 닮아 있다. 이렇게 승리를 계속 반복하다 보면 명예와 여러 가지 기쁨을 누릴 수 있다.

구체적인 목표가 없고 꿈이 작은 사람은 쉽게 목표를 달성한 후 포기해 버리는 경향이 있다. 긴장된 마음을 풀어 버리고 정상에 선 상태로 만족하기 때문에 이후 내려오는 것은 순식간이 될 수

있다. 그래서 꿈은 크고 높게 가져야 하는 것이다.

높은 곳을 목표로 하는 사람은 자기의 한계에 도전하려 하고 설사 실패를 한다 해도 "다시 한 번 해보자"라고 자신을 다독인다. 게을러지려는 자기 자신을 일으키는 사람이 바로 큰 꿈을 향해 가는 사람들이다. 그렇게 하나하나 상대를 이겨 나가는 중에 어느 사이엔가 점점 힘이 강해지게 된다. 정상을 차지한 사람들의 근성을 살펴보면 그들은 한 결 같이 자기의 안위에 머무르는 것에 만족하지 않았고 큰 목표를 세워서 돌진하며 포기하지 않는 자세를 보인 공통점이 있다.

목표가 어려워도 곧 해낼 하나의 과정적 산물일 뿐이다. 때맞춰 등장하는 많은 과정은 성공을 향한 관문임을 명심하자.

 # 부자가 되기 위해선 경험은 인생의 나침반과 같다

경험만큼 값진 보석은 없다. 경험은 앞으로 해야 할 일을 밝혀주는 등대와도 같고 갈 곳을 알려주는 나침반과도 같다.

다양화가 뿌리 깊게 파고드는 현대에 있어 경험이란 하나의 자산가치로 인정된다. 모든 사람이 모든 경험을 다 할 수는 없기 때문에 경험이 있는 사람들을 통하여 간접 경험을 하거나 또는 원활하게 일을 처리해 나갈 수 있기 때문이다. 예를 들어 외국으로 영어 유학을 다녀온 사람과 국내에서 영어교육을 받은 사람들의 발음은 약간의 차이를 갖고 있다고 한다. 만약 외국 바이어가 온다면 조금 더 자신 있고, 그 문화를 알 수 있는 유학파가 있다면 좋은 성과를 거둘 수 있을 것이다. 그것이 경험의 자산이요, 경험의 가치인 것이다.

　새로운 경험 앞에선 누구나 낯설어 주저하기 마련이다. 처음부터 무언가를 잘 할 수 있는 사람은 많지 않다. 실수란 처음입문하는 사람들을 위해 항상 도사리고 있다. 그래도 실수하고 배워가며 경험을 쌓아 간다면 당신은 이미 경력자가 되어 있는 셈이다. 계속된 도전을 하며 새로운 경험을 쌓아 가야 한다. 당신의 경험은 이후 자신의 부하에게 가르쳐 줄 수 있는 소중한 자산이 될 수도 있고, 난관을 이겨 낼 수 있는 지혜가 될 것이다.

 # 부자가 되기 위해선 시작과 끝의 적절한 시기를 판단해라

바야흐로 한우물만 파던 시절은 지났다. 사회는 무서운 속도로 변화되고 있으며 이에 발맞추기 위해서는 신제품들이 무수하게 쏟아져 나오는 세상에 도전장을 내밀어야 한다. 삼성전자의 애니콜은 일 년에 몇 차례씩 기술진화를 거쳐 새로운 핸드폰으로 재탄생한다. 속도의 변화를 여실히 보여주며 말이다.

수동으로 사용하는 제품이나 물건은 이제 인기를 잃어버린 지 오래다. 극장 또한 대형 스크린에 멀티플렉스화 되어 가고 있다. 뿐만 아니라 각종 상점이나 금융권도 대형화 멀티화 되어 가고 있는 추세이다. 그런데 이러한 추세를 무시하고 만약 계속 오프라인 상태의 아날로그적인 사고를 가지고 있다면 성공과 멀어지게 되는 자명하다. 어디서 시작해서 어디가 끝인지, 그리고 어디서 새롭게 시작해야 하는지를 항상 염두에 두라. 그것이 당신을 고인물이 아닌 항상 새물로 비쳐지게 할 것이다.

성공을 하고 싶다면 시기를 적절히 활용해야 한다. 시기를 다스려야 한다는 말이다. 시작을 과감한 용기로 출발하고 끝은 단호한 결심으로 끝맺어야 한다. 또한 시작이 있다면 반드시 끝이라는 결과도 있어야 한다. 시작만 있고 끝이 없다는 평을 듣지 않도록 만전을 기해야 할 것이다.

그러나 어떤 투자에서 계속 하락 추세로 가는 상품의 투자를 멈추지 않는다면 그것은 고집으로 밖에 보이지 않을 것이다. 적절하게 시기를 다스리면 고집으로 인해 무너지는 상황을 막을 수 있을 것이다.

예를 들어 이제 카세트 플레이어였던 마이마이는 찾아 볼 수 없다. CD-PLYER가 등장하여 트랙을 지정할 수 있는 휴대용 오디오가 보편화되었기 때문이다. 그런데 이 CD-PLYER가 자리를 잡고 있는 때에도 수요가 줄고 있는 마이마이를 계속 생산해 낸다면 적자를 남기게 되고 이는 끝을 제대로 파악하지 못한 실책으로 밖에 남지 않는다.

예전에 통신 수단이었던 삐삐 또한 마찬가지다. 핸드폰이 일반화 되고 있는 추세에 삐삐를 계속 만든다면 누가 과연 그것을 사 갈까? 끝을 잘 잡아야 한다는 것이다. 앞서서...

기술의 흐름을 알고, 변화의 흐름을 파악하는 것도 시작과 끝을 선택하는 것에 가장 중요한 열쇠가 될 것이다. 중요한 것은 그 시작과 끝을 적절하게 감지하는 타이밍이다. 계속 조사해나가고 많이 연구한다면 시기를 통솔하고 통제할 수 있을 것이다.

# 부자가 되기 위한
LIFE PLAN 설계하기

미리정한 인생의 목표를 이루고야 말고 싶은 것은 누구나의 최종적 꿈일 것이다. 그런데 사실 누군가에게 언제 그 꿈을 이루고 싶으냐고 묻는다면 구체적인 대답을 할 수 있는 사람은 많지 않을 것이다. 그러나 마치 미래를 내다보는 것처럼 '몇 살의 나는 이런 모습일 것이다' 라고 당당하게 말하는 사람이 있다면 얼마나 좋은 일인가. 바로 그런 사람들이야 말로 구체적인 계획을 세우고 체계적으로 꿈을 향해 도약하는 사람들이다.

그렇다면 구체적인 LIFE PLAN을 만들어 보는 것이 효과적인 성공비법으로 작용할 수 있다고 봐야 한다. 예를 들어 십년 단위로 자신이 이루고자 하는 목표를 세운다면 그것은 자신을 채찍질 하며 해야 할 일을 정확히 실현하는데 도움을 줄 수 있다.

 10대에 해야 할 일, 20대에 하지 않으면 안 되는 일, 30대에 이뤄가야 할 일, 40대에 성공해야 하는 일 구체적인 목표와 계획을 세워보라. 구체적인 삶의 계획은 인생의 나침반과도 같다. 시련으로 힘들어지거나 실패의 순간에서도 다시 일어설 수 있는 힘을 제공한다. 방향을 잃지 않게 만들어 줄 것이다. 계획 없이 자신의 인생을 나태하게 방치시켜 둔 것은 아닌지 반성을 하게 할 수도 있어진다. 그러니 구체적인 계획을 짜는 일이 얼마나 소중한 셈이 되겠는가.

 성공하고 싶다면 명심하라. 미래의 목표를 십년 단위로 계획해 보라. 그것은 자신의 인생을 통찰할 수 있는 새로운 지표가 될 것이다.

# 부자가 되고 싶다면 돈을 애인처럼 사랑하라

나는 부자들을 많이 만나보았다. 이들 중에는 재미있게도 대머리이거나 키가 작고 뚱뚱한 사람들이 많다. 그러나 '돈'은 외모를 따지지 않고 자기를 더 많이 사랑해 주는 사람에게 가는 것이다. 돈을 잘 버는 사람들은 돈과 사랑을 한다. 돈을 사랑하지 않는 사람은 부자가 될 수 없다. 돈을 소중히 여기는 것이야말로 재산을 불어나게 하는 유일한 방법이다. 돈을 소홀히 하는 사람들에게는 절대 돈이 다가오지 않는다.

돈을 싫어하는 사람이 세상에 있을까.

만약 강남의 한 고층빌딩에서 누군가가 수 천 만원의 돈을 뿌리고 있는데 때마침 당신이 그 빌딩 앞을 지나가고 있었다고 하자. 당신은 어떻게 행동할 것인가,

만 원짜리 지폐 수천 장이 하늘에서 낙엽처럼 펄럭이며 춤 추듯이 떨어지면 사람들은 모두 놀랄 것이다. 평소 돈 같은 건 별

로 중요하지 않다고 말했던 사람은 물론이요, 우리 영원히 떨어지지 말자며 손을 꼭 잡고 걷던 연인일지라도 언제 그런 말했냐는 듯 모두 눈이 휘둥그레져 너나 할 것 없이 돈 줍기에 바쁠 것이다.

이때에 어떻게 하면 남보다 더 많은 돈을 주울 수 있을까.

하늘에서 돈이 떨어져 내리는 것을 보고 보통 사람들은 그저 우왕좌왕 줍기 바쁘겠지만, 재치 있는 사람이라면 우선 바람의 방향을 살피고 보다 많은 돈이 떨어지는 곳으로 이동하여 자기의 외투를 벗어 펼치고 그 안에 돈을 주워 담을 것이다. 대부분 돈을 잘 버는 사람들은 이와 같이 돈을 버는 방법에서 남들과는 다른 생각과 재치를 발휘하여 더 많은 돈을 줍듯 돈을 번다.

부자가 되고 싶다면 기억하라. 사랑은 모든 것의 시발점!
"돈을 사랑하라."

 # 부자가 되는 길, 금전거래를 피하라

대한민국은 어떠한 국가인가. 예로부터 우리나라는 정(情)을 중시하였기 때문에 그로인한 병폐가 심각한 수준이다. 특히 금전거래에 있어서 친척의 보증을 잘못서거나 친구의 빚을 자신이 모두 떠안게 되어 하루아침에 온 가족이 길바닥에 주저앉고 마는 사례를 볼 수 있다. 과거 어른들로부터 가까운 사이일수록 돈거래를 하지 말라는 말을 많이 듣곤 했다. 금전 거래로 인하여 서로가 불화에 빠질 수 있으며, 도리어 꼬리를 물고 자신의 재산마저 잃게 되는 관계로부터 벗어나라는 이야기다.

부자가 되는 지름길 가운데 하나는 확실한 금전거래다. 만약 돈을 빌려 주었는데 제대로 받지 못해 손해를 보거나 극한 상황으로까지 발전한다면 도리어 서로의 왕래까지 끊어져 친척이나 친구를 잃을 수도 있다. 상호간의 신뢰만을 믿고 보증을 서거나 큰

돈을 빌려주는 경우, 또는 친목과 신뢰를 바탕으로 한 계모임 문화에서도 뜻하지 않는 사고를 당할 수 있다. 평생을 모은 목돈이 순식간에 거품처럼 사라질 수 있는 무리한 행위다.

  그렇다면 불가피하게 돈을 빌려줘야 하는 상황이 생긴다면 어떻게 해야 할까.

  누구나 금전이 필요한 상황이 있다. 가까운 사람이 그런 상황에 처한다면 그들을 외면하기란 쉽지 않다. 그러나 도리어 빌려준 것이 안 빌려준 것만 못한 상황도 발생할 수 있다는 것을 명심해야 한다. 금전 거래는 되도록 피하는 것이 부자가 되는 첫걸음이다. 상대에게 자신의 입장을 기분 상하지 않도록 표명한 후 거절하는 것을 명심해야 할 것이다.

 # 부자가 되고 싶다면 낭비습관 대신 인색함을 쌓아라

돈을 사랑하는 사람이라면 꼭 가져야 할 감정이 있다. 그것은 바로 인색함이다. 인색이란 단어는 부정적인 의미로 상통되기 때문에 이 필수조건에 놀랄 수도 있다. 그러나 인색함이란 부자의 관점에서 본다면 그런 감정이 쌓일수록 오히려 돈을 모을 수 있는 뿌리가 된다. 보통의 사람들이 이런 쓸데없는 감정의 소모로 인하여 돈을 낭비해버리는 경우가 적지 않다. 돈을 모으는 데에 있어 너그러움을 동반한 낭비는 적이다.

낭비는 돈을 사랑하는 사람이 버려야할 필수요건이다. 돈을 벌고 있긴 하지만 낭비를 하고 있다면 그것은 밑 빠진 독에 물을 붓는 것과 같아진다. 누구에게나 가난한 시절이 있었을 것이다. 가난한 시기, 우리는 긴축재정을 하며 돈을 모아야 그 상황으로부터 벗어나게 된다는 지혜를 얻었을 것이다. 그러나 돈이 있으면 쓰고 싶고 사치와 낭비의 유혹으로부터 벗어나기 힘들어 진

다. 긴축재정이야 말로 실행하기 참으로 어려운 일이다.

그렇다면 어떻게 낭비의 벽으로부터 벗어날 수 있을까. 그것은 평소 생활습관에서부터 비롯된다. 누구나 쓰고 싶은 마음은 갖고 있지만 그것을 통제하는 힘은 평소 아껴 쓰는 작은 습관에서부터 나올 것이다. 평상시 생활에서 아낄 수 있는 전기나 에너지 절약을 실천해 보자. 가까운 것부터 시작해 나간다면 그것이 습관화 되어 좋은 결과로 이어질 수 있을 것이다.

인색함이 쌓이고 쌓인다면 도리어 부자가 되는 가장 가까운 길이 될 수 있다. 자신의 낭비벽에 인색함을 가져 보는 것은 어떨까. 쓸데없이 돈 쓰는 것을 금하고 사치스러운 허세의 감정에서 벗어나면 얼마나 좋을까. 명심하자. 부자가 되는 길은 낭비에서 멀리 벗어나는 것에서부터 시작된다는 것을 말이다.

# 건강을 지키며 부자가 되라

우리는 풍족한 현대사회를 살고 있다. 정보의 홍수 속에서 사람들은 모두 지혜롭게 되었고, 최첨단 기술의 발전 속에서 안락하고 쾌적한 환경을 구가하고 있다. 힘든 일은 하지 않아도 되고 무리하게 몸을 움직이지 않더라도 돈을 벌 수 있는 시대가 온 것이다. 요즘은 무엇을 하든 동선을 최소화 할 수 있도록 편리한 기계들이 일상생활에 즐비하다. 그러나 인간의 편의를 위해 존재하는 이러한 기계문명의 발달은 긍정적인 모습만 갖고 있는 것이 아니다.

특히 이러한 풍요의 시대에 인간의 건강이 위험에 처해 있다. 풍족한 인스턴트 음식에 길들여진 생활 습관, 운동부족이 되기 쉬운 일상생활은 비만과 성인병에 상당히 노출되어 있다.

이러한 풍요의 시대를 건강하게 살아가는 지혜는 무엇일까. 바로 평상시 자신의 건강을 지키는 생활습관이다. 우리가 부자가

되려 하고, 돈을 모으려는 목표 또한 행복하고 평안하게 살기 위해서다. 그러나 자신의 건강에 문제가 생겨버리면 돈과 풍족함은 아무런 역할도 할 수 없다. 평소 돈이 없었거나 장소가 마땅치 않아 건강을 지키는 일에 소홀하였다면 이제는 시간과 돈을 투자해서라도 운동을 배우거나 가까운 헬스장에 등록하여 운동을 즐기는 것이 바람직하고 좋은 생활패턴이 될 것이다.

 아무리 구두쇠라도 지켜야할 법칙이 있다. 건강에는 돈을 아끼지 않는 현명한 구두쇠, 그것이 진정한 부자인 것이다. 건강검진을 자주 받고 건강을 지키기 위한 적극적인 행동에는 아낌없이 투자를 하며 자신의 건강이라면 씀씀이가 큰 구두쇠부자가 되는 것, 이것이야 말로 부자로 가는 길을 달려가기에 중요한 덕목이다. 왜냐하면 부자로 가는 길은 멀고도 먼 험로이기 때문이며, 부자가 되어서도 건강해야 장기집권이 가능할 것이기 때문이다.

 # 허세를 버리고 실리를 중시하라

소비가 없다면 얼마나 좋을까. 그러나 소비를 하지 않을 수는 없고, 그렇다면 소비를 할 때 가장 중요한 점은 무엇일까.

사람들은 생산과 소비를 반복하며 돈을 모으기도 하고, 지출을 통해 생활해나간다. 부자가 되는 가장 확실한 방법은 소비를 하지 않는 것이지만, 실상 소비제로의 삶이란 존재할 수 없다. 소비를 할 때 어떤 방법을 선택해야 좀 더 부자다울 수 있을까.

첫째, 물건을 살 때 절대 가격으로 상품의 가치를 선택하지 말라.

물건 값이 무조건 비싸다고 해서 고품질은 아니다. 가장 좋은 물건은 그 물건의 가격 대비 성능을 통하여 효용가치를 찾아내는 일이다. 가격과 품질, 그것을 사용할 수 있는 기간 등을 고려하여 가치를 부여해야 한다. 일부 허세에 물든 사람들은 특정 메

이커만을 선호하거나 가격이 높으면 그것이 좋은 품질이라고 착
각하기 쉽다. 부자가 되고 싶다면, '높은 가격=높은 품질=장기
간 사용'이라는 공식에서 벗어나야 한다. 중요한 것은 가격대비
효용가치를 생각해야 하는 것이다.

 사람들은 일반적으로 타인의 겉치장을 통하여 그 사람의 가치
를 판단한다. 명품 액세서리나 옷, 자동차 등을 통해 그 사람이
부자라고 생각한다. 그러나 역으로 생각한다면 이는 그 사람의
씀씀이가 허영에 가깝고 검소하지 않기 때문에 큰 부자가 되지
못할 것이라는 의미로 해석할 수 있다. 온몸을 명품으로 도배하
고 다니는 사람이라고 해서 반드시 그나 그녀가 부자라고 보진
않는다는 것이다.

소비를 할 때 다른 사람의 시각을 의식해서 하지 말고 허세적인 기준을 버려라. 실리를 바탕으로 소비해야 한다. 이런 태도는 이후 사업을 하거나 돈을 모으는데 중요한 키포인트가 될 것이다. 눈에 보이는 것이 때로 전부가 아닐 수 있다. 진짜 부자인가, 아니면 허세만 부리는 빈자인가를 상대방이 검증하기 위하여 당신을 여러 차례 만나면서 눈치를 채도록 하는 것이 중요하다. 물론 당신이 빈자가 아닌 정말 부자라면 상대방에게 그런 검증을 거칠 기회를 줄 필요도 없다. 부자를 알아보는 일은 자동적으로 언젠가 이루어지기 때문이다. 따라서 가격과 디자인 등의 허울에서 벗어나 실리를 구가하고 실용주의자가 될 필요가 있다. 진짜 당신이 부자라면 아주 촌스러운 생활을 해도 완전 무방하다. 그리고 부자가 되려고 하는 상태라면 지금부터라도 털털하게 걸치고 돈을 차곡차곡 모을 수 있기를 바란다.

부자가 되고 싶은 사람이라면 명심하라. 중요한 것은 언제나 실리에 있다.

부자가 되고 싶다면 계획 없는 지출을 피하라

부자가 되고 싶다면 반드시 피해야 할 지출이 있다. 그것은 사용 후 바로 후회가 드는 지출이다. 구체적으로 계획이 없던 물건을 충동적으로 구매하거나, 필요한 양 보다 더 많이 사는 것 등이 피해야 하는 지출이다.

일반적으로 후회되는 지출은 어떤 것이 있을까? 예를 들어 물건을 구입한 후 잘 사용하지 않거나, 괜히 샀다는 기분이 드는 지출이다. 만약 정말 필요한 지출이었다면 이러한 생각은 존재하지 않을 것이다. 특히 호텔이나 유흥주점 혹은 서비스 계통에서 과한 팁을 계산하는 경우가 대표적인 예일 것이다. 자신의 허세를 위해서 과한 지출을 했다면 우리는 다음 날 쓰디쓴 후회로 눈을 질끈 감을 것이다.

　만약 당신이 돈을 모으고 싶다면 필요 없는 지출에 민감해야 한다. 사람은 누구나 계획 없는 지출을 할 수도 있고 과한 돈을 내야 할 경우도 생긴다. 그러나 이러한 지출이 반복된다면 결국 밑 빠진 독에 계속 물을 붓는 셈이 될 것이다.

　계획 없는 지출을 피하려면 어떻게 해야 할까.
　지출하기 전, 잠시 생각을 하는 것은 어떨까. 장고해야 할 수도 있다. 과연 이 돈이 정말 필요한 지출이 될 수 있을 것인가. 후회로 남는 지출, 필요 없는 소비였다면 이는 곧 죽은 돈으로 변할 것이다. 돈과 말은 순식간에 사라지거나, 발 없이도 멀리 가버리기 때문에 신중한 판단이 필요하다. 내가 가진 돈이 제대로 사용될 수 있도록 하기 위해서는 소비하기 전부터 계획을 철저히 세워 신중한 판단을 내리고 지출할 수 있도록 습관화 하자.

 # 부자가 되기 위해선 돈을 이렇게 써라

　돈의 쓰임새를 크게 나누면 꼭 필요한 쓰임과 쾌락을 위해 날려 버리는 쓰임, 후회되는 쓰임 등으로 구분할 수 있다. 실리 있는 지출이 되게 하기 위해서 어떻게 해야 할까. 이 장에서는 현명한 소비에 대해서 이야기 하고자 한다.

　자신에게 맞고 정말 유용한 지출은 어떤 것일까. 그것은 바로 '효용가치', 즉 '실리'를 바탕으로 한 계획소비다.

　실리 있는 계획소비란 무엇인가. 예를 들어 보자. 만약 냉장고를 구입하고자 한다면 무조건 크고 브랜드 가치가 높은 상품을 선택하는 경우가 많다. 브랜드가 곧 튼튼함이요, 브랜드 가치가 높은 상품은 좋은 상품일거라는 고정된 소비의식 때문이다. 그러나 중요한 것은 냉장고가 자리할 주방의 크기와 식구들의 수, 필요음식을 얼마나 넣을 것인지를 생각해야 한다. 특히 에너지 소비등급 등을 고려하여 차후 전기료 낭비가 적은 것으로 다양

한 선택의 폭을 가져가야 한다.

이렇게 다양한 조건들을 생각하지 않고 충동적인 구매로 이어졌다면 이는 곧 잘못된 소비가 되는 것이다. 쓸모없이 큰 냉장가동으로 인해 전기료가 많이 들게 되거나, 사용할 양보다 작거나 많이 크다면 제대로 역할을 하지 못해 결국 잘못된 지출로 이어지고 만다. 이처럼 물건을 하나 구입하더라도 실리를 따져가며 신중한 구매가 요구 되는 것이다.

간혹 싼 물건을 사고 난 후, 환호하는 경우가 있다. 예를 들어 얼마 전 중국산 면봉 때문에 귀에 염증이 생긴 사례가 뉴스에 방영되었다. 다른 면봉보다 3배 정도 싼 가격으로 팔린 이 면봉에는 수십만 마리의 세균들이 들어 있어 귀에 염증을 일으키고 이로 인하여 소비자 피해가 컸던 사례였다.

이처럼 무조건 싼 것만 구입하는 행위 또한 잘못된 지출이라는 것을 알 수 있다. 만약 돈을 아끼기 위해 무조건 싼 냉장고를 구입하게 되었다면 이후 작은 용량 때문에 재 구입을 하거나, 다른 냉장고를 하나 더 사는 경우가 발생할 수도 있다. 또한 품질을 고려하지 않고 결정한 구매는 수리비가 더 많이 나와 결국 '배보다 배꼽이 더 큰' 경우가 될 수도 있다. 그렇기 때문에 지출은 항상 계획성 있는 준비와 신중한 구매결정이 필요하다.

돈의 쓰임은 이처럼 순식간에 잘못된 지출과 현명한 지출로 나뉠질 수 있다. 물론 부자가 되고 싶다면 지출방법 또한 능숙하고 현명해야 할 것이다. 효과적인 소비를 하는 것은 부자가 되는 길로 이어지는 것이다.

부자가 되고 싶다면, 효과적인 소비를 잡아야 한다. 필요 없는 지출과 효과적인 지출의 기로에서 가장 중요한 것은 항상 실리를 중심으로 균형을 따져 계산하고 계획해 내는 능력이다.

 감동적인 지출을 만들어 보자

명절이 다가오면 백화점과 마트 등에는 GIFT SET 판매로 분주하다. 사람들은 이맘때 감사의 마음을 선물로 전달한다. 그 종류도 여러 가지인데, 상품권이나 선물세트, 음식 등의 여러 형태로 전달된다. 그러나 여기서 주의해야할 것이 있다. 바로 형식적인 선물이다. 이것은 아무런 감동도 줄 수 없는 무의미한 상품이다. 상대방에게 형식적으로 밖에 치부될 수 없는 선물이라면 이것은 필요 없는 지출이다. 누가 선물 했는지도 알 수 없다면 이역시 무의미한 소비인 셈이다. 그렇다고 선물의 가격이 낮고 높은 것에 의미와 무의미를 두는 것은 아니다. 또한 선물의 내용을 두고 형식적인 것과 감동적인 것을 구분할 수도 없다.

그러나 예를 들어 나이가 지긋하신 노인께 문화 상품권을 100만원어치 선물했다고 하자. 고가의 상품권을 구입해서 드린 셈이지만, 노인 분께는 문화 상품권이 별 필요가 없을 것이다. 문화 상품권으로는 영화를 보거나 책 등을 구입하는데 주로 사용하는데, 이는 오히려 젊은 친구들에게 돌아가는 것이 더 효율적일 것이다. 만약 노인이 그것을 사용하지 않고 손자, 손녀에게 주었다면 이후 노인은 선물을 받았다는 사실조차 잊게 될 것이다.

그러나 반대로 홀로 사는 노인 분께 따뜻한 밥을 한 끼 대접하거나, 효자손 등의 작지만 필요한 물건을 선물했다고 해보자. 그렇다면 그 노인은 분명 선물을 한 사람에게 고마워할 것이다. 자신에게 필요한 물건이고, 따뜻한 감정이 솟구치는 시간이 될 것이 틀림없다. 이처럼 선물이란 가격이 중요한 것이 아니다. 가장 큰 선물은 그 사람의 마음을 움직일 수 있는 그 사람의 마음을 충분히 고려한 진정한 마음을 담은 선물일 것이다.

효과적인 선물로 마음을 움직일 수 있는 방법은 어떤 것일까. 바로 '배려'의 마음에서부터 시작된다. 상대방에 대한 감사의 마음과 배려를 바탕 한다면 노인의 경우처럼 분명 마음을 움직일 수 있을 것이다. 좋은 사람의 선물은 하나의 큰 행복일 것이고 그렇게 맺어진 좋은 관계는 큰 자산이 된다. 깊은 배려가 담긴 선물로 사람들의 마음을 움직일 수 있다면 성공의 큰 밑거름이 될 것이다.

 # 부자가 되기 위해선 자산관리 어떻게 하는 것이 효과적일까?

자산 관리, 어떻게 하면 효율적으로 운용할 수 있을까. 가장 안전한 자산 관리 방법은 자신의 자산을 다음과 같이 세 가지 분류법을 통하여 분류한 후 알맞게 운용하는 것이다.

첫째, 인플레이션에 강한 부동산이다.

부동산은 정체 상태로 있는 경우가 대부분이지만 경기에 따라 또는 지역발전의 파급효과를 많이 받는 변동 상품이다. 주택, 상가, 땅 등 여러 가지의 모습을 갖고 있다. 그러나 부동산 투자에 있어 가장 중요한 점은 입지, 환경, 관리의 세 가지의 중요한 전제 조건을 명심해야 한다.

예를 들어 주택이라면 갖고 있는 당시의 효율성보다 팔 당시의 가치를 생각해서 투자해야 한다. 역에서 가까운 집, 즉 구입 시 교통 편리성을 봐야할 것이다. 또한 문화시설이나 그밖에 편의 시설이 근처에 있다면 더욱 좋다. 집은 남동쪽을 향해 있고 관리가 잘 되어 있는 집을 선택한다.

둘째, 채권과 주식 투자로 구분해 보자.

증권과 주식 투자에 있어 가장 중요한 점은 분산투자와 지나친 욕심을 배제한 이성적인 투자다. 지나치면 모자람만 못하다는 말이 있다. 자산증식에 대하여 급격하게 갖는 욕심은 경제위기 및 갑작스러운 상황에 대처할 수 없게 된다. 순식간에 무너진 주식은 다시 오르기까지 몇 년이 걸릴지 장담할 수 없기 때문이다. 그러나 분산 투자는 이러한 위험성을 덜어주고 적당하고 고른 발전 체계를 만들어 줄 것이다.

셋째, 원활한 현금운용에 대비하라.

아무리 부자라고 하더라도 수중에 가진 것이 없다면 좋은 상품을 구입하거나 갑작스럽게 찾아온 행운의 기회를 놓칠 수 있는 법이다. 또한 언제나 쓸 돈도 없이 바라보기만 해야 하는 자산가라면 그 부자의 인생은 행복하고 말할 수 없을 것이다. 언제 어떤 상황에도 대비할 수 있는 현금을 가지고 자금운용을 원활하게 하는 것이 자산관리를 잘하는 또 하나의 방법일 것이다.

 부자의 법칙 잠들어 있는 보물들을 깨워라

주위의 훌륭한 경영자들을 살펴보면, 살면서 누구나 한번쯤 해 봤을 아이디어를 잘 활용하여 성공한 케이스가 많다. 우리는 간혹 그들의 모습을 통해서 나도 한번 해볼 걸 하는 후회를 하기도 한다. 그러나 성공한 경영자들과 그렇지 않은 자신의 차이는 실행으로 옮기고, 옮기지 못한 적극성의 결여의 차이일 뿐이다.

우리 주변에는 생각지도 못한 아이디어가 기발한 상품으로 변하고 돈으로 이어지는 경우가 상당히 많다. 우연히 대박이 터지는 그런 기회가 자주 찾아오지 않는 법, 기회를 놓친다면 잠들어 있는 보물은 결코 우리의 것이 될 수 없다. 이럴 때 기회를 활용하는 힘이야 말로 부자가 되는데 크게 기여할 수 있다.

돈이 되는 보물은 어떤 모습을 갖고 있을까. 그것은 우리와 꿍

장히 멀리 있지도 또한 무척 특별한 것도 아니다. 주변을 돌아본다면 그것은 아주 가까이 있을 수 있다.

 예를 들어 단돈 만원부터 수 백 만원 고가에 해당하는 여성들의 구두, '힐'은 프랑스 파리에서부터 시작되었다. 처음엔 단지 더러운 바닥 환경 때문에 이물질을 밟지 못하게 하기 위해서 발명해 낸 굽 높은 신발이었을 뿐이다. 그러나 힐이 상품의 가치로 성공하기 시작한 것은 미(美)라는 관념과 결합시켜 여성들의 소비 의식을 자극했기 때문이었다. 여성들은 아름다움에 대한 원초적 관심이 뛰어나다. 그것을 소비성과 연결시켜 힐이 장착된 구두가 보편화 되고 브랜드화 되기 시작한 것이다.

 이처럼 우리 주변에는 수많은 대박 아이디어들이 언제든 펑 하고 터질 준비를 하고 있다. 이를 제때 발견하고 개발해 나가는 것은 적극적인 관심일 것이다. 현재 당신에겐 당신도 모르는 자금운영 관리의 힘, 또는 경영관리의 힘이 존재하고 있을지도 모른다. 가장 중요한 것은 작은 것이라도 호기심 어린 눈으로 바라보기 시작한다면 그것은 곧 큰돈이 되어 돌아오게 될 것이다. 하찮아 보이는 아이디어라도 길게 10년, 20년 내다본다면 큰 재화로 바꿀 수 있다. 부자가 되는 일이란 하기 나름이라 어떤 모습으로 자신에게 찾아올지 모르는 것이다. 매사 눈을 부릅뜨고 살아야할 것이다.

　보기에 따라 어떤 아이디어는 보물이 될 수도 또 허접 쓰레기가
될 수도 있다. 항상 둘러보자. 면밀히 관찰하자. 혹 자신의 주위
에 잠자고 있는 보물은 없는가. 가장 가까이에서 잠들어 있는 보
물들을 깨우는 것, 그것이 부자가 될 수 있는 비결이다.

 # 부자가 되기 위해선 고집스런 얼굴을 가져라

부자가 되기 위해 꼭 필요한 요소에는 반드시 가지고 가야할 하나의 신념이 있다. 바로 인내와 노력이다. 이것은 고집스러움과 관련 있을 수 있다.

우물을 팔 때 가장 중요한 것은 한 우물을 오랫동안 깊숙이 파보는 것이다. 물론 사전 가능성 타진은 기본하고 말이다. 우물을 파면서 지치고 힘들다고 해서 중간에 멈추고 만다면, 깊은 곳에서부터 올라오는 맑은 샘물을 얻기 힘들어진다. 여기가 아니라는 확신의 결여는 또다시 여러 우물을 듬성듬성 파게 만들고 결과적으론 물줄기를 못 찾아 흉물스럽게 구덩이만 잔뜩 남길 것이다. 한 우물만 판 사람에 비해서 시간도 오래 걸리고 말이다. 결국 우물물을 얻기도 전에 포기하게 될 것이고 말이다.

결론적으로 힘을 아무리 썼어도 끝을 보기 전에 포기한다면 인내의 결과는 나오지 않는 법이다. 그렇기 때문에 인내와 고집이

필요하다. 고집스런 얼굴을 가져라. 그런 얼굴은 부자가 가진 얼굴이다.

자신이 꺼낸 독창적인 아이디어를 남들이 인정하기까지 낯선 거리, 서먹한 시간이 오래 걸릴 수 있음을 명심해야 한다.

물론 자신이 생각한 아이디어가 정말 아니다 싶을 정도의 결정적인 계기가 있다면 과감히 포기하는 것 또한 중요하다.

그러나 이 장에서 말하고 싶은 것은 하나의 길을 선택 한 후 자신의 선택을 굳게 믿어 보는 신념이다. 자신의 선택이 옳다고 믿었다면, 그 길에 잠깐의 기회를 주어보자. 시간은 다소 걸릴 수 있지만 그것에서 값진 선물을 얻을 수 있을 것이다.

번뜩이는 독창적 아이디어일수록 사람들 속에 깊이 파고드는 시간이 오래 걸릴 수 있다. 그러나 이 독창성은 낯선 만큼 신선한 것이다. 독창적인 신제품이 사람들 속에 파고들 시간을 준다면 머잖아 그 독창성은 '상식을 벗어난 최고의 발상' 이란 별칭을 얻어 돌아올 것이다. 이것이 바로 명물이 되는 과정이다.

제 2 전략
생각대로 재산을 쌓는 비결

 # 부자의 법칙 발상의 전환과 만나라

우리는 간혹 획기적인 발상의 전환을 만나게 되면 입이 쩍 벌어지도록 감탄을 하게 된다. 특히 광고 문구들을 보면 어떻게 저런 생각을 할 수 있을까? 하며 놀라곤 한다. 광고는 상품을 어필할 수 있는 최고의 선전도구다. 이미지나 영상, 또는 우리 주변에 수많은 광고들은 어떻게 순식간에 소비자로부터 구매 욕구를 얻어 가는 것일까.

첫째는 발상의 전환이다. 소비자의 입장과 생산자의 입장을 뒤집어 버리는 발상의 전환은 입장의 차이를 뒤집으며 생각의 전환을 시도 한다. 제품광고를 보면 생산자의 입장에서 생각해 본다면 기술적인 부분과 장점만을 내세우라고 외치지만 소비자의 입장에서 본다면 고객의 니즈(NEEDS)를 파악해 달라고 외치는 팽팽함 속에 놓여 있다. 결국 양측의 요구조건을 정확하게 반영

해내기 때문에 고객은 상품 앞에서 주머니를 열게 되는 것이다.

발상의 전환과 만나려면 둘째, 고정관념으로부터 탈피해야 한다. 최근 광고 중에 '모두가 YES라고 말할 때 NO라고 할 수 있는 사람이 되라' 는 광고가 있었다.

누구나 알 수 있고, 누구나 할 수 있는 일이라면 그것은 보편화됐기 때문에 오랫동안 기억되기란 쉽지 않다. 그러나 보편화를 벗어나 개성 있는 사고로 출발한다면 관심과 특별함을 부여 받아 모두의 시선을 사로잡을 수 있을 것이다.

당신의 머리를 지배하고 있던 일상의 고정관념에서 벗어나라. 그렇게 하면 훌륭한 아이디어를 얻을 수 있을 것이다. 그리고 이 것은 큰돈을 벌 수 있는 아이디어로 작용하여 부자가 되는 길을 열어 줄 것이다.

# 돈에 대해 끊임없이 생각하는 것이
부자로 만든다

　부자가 되는 길은 하루아침에 이루어지는 것이 아니다. 설령 상속 등의 이유로 하루아침에 벼락부자가 되었다고 해도 이후 재산을 지켜 부자로 살아가기란 쉽지 않다. 특히 하루하루가 변화로 가득한 시대를 살아가는 현대인이라면 쉽지 않은 길이다.

　부자가 되기 위해선 생각의 정의와 결심, 결심을 유지하고자 하는 신념, 돈에 대한 끝없는 사랑에 매료되어야 한다. 옳지 않은 길이나 방법만 계속 고집한다면 가진 돈을 유지하기란 쉽지 않다. 부자로 살아남기 위해서 또는 부자가 되기 위해서 새로운 발상의 전환이 지속적으로 필요하다. 하지만 끊임없이 돈을 생각하는 정신이 더욱 중요하다.

　부자가 되기 위한 조건 중 하나는 어떻게 항상 돈을 벌 것인가

를 생각하는 자세다. 밥이 나오기만을 하염없이 기다리지 말고 바쁜 주방에 들어가 보자. 그리고 바쁜 그들을 도와준다면 조금이라도 더 빨리 주린 배를 채울 수 있을 것이다. 남보다 빨리 움직이는 짐승이 더 빨리 더 많은 먹이를 찾을 수 있다. 높이 날아올라 날개 짓을 더 많이 하는 새가 더 멀리 내다보며 더 빨리 먹이를 찾을 수 있는 법이다.

 기다릴 필요가 없다. 현대사회는 움직이지 않는 사람에게까지 관대할 만큼 자비로운 시대가 아니다. 늘 주변의 사물에 관심을 갖고 어떻게 돈을 벌 수 있는지를 끊임없이 연구하고 실행하는 행동력이 필요하다.

 끊임없이 돈에 대해 생각하는 일은 부자가 되는 가장 빠른 길이라는 것을 명심하라.

# 부자가 되기 위해 정확한 기회를 매의 눈으로 잡아라!

살면서 행운을 잡을 수 있는 기회란 여러 번 오는 것이 아니다. 그러다보니 기회다 싶으면 사람들은 당장 눈앞의 기회만 잡기 위해 고군분투하게 된다. 그러나 여기서 주의할 점이 있다. 바로 지금의 기회가 적절하고도 진정한 기회인가 하는 반문이다.

기회와 시련은 동시에 양날의 검처럼 찾아오기 때문에 잘못된 기회포착은 순식간에 위험한 길로 빠지게 할 수 있다. 그렇다면 기회를 어떻게 잡아 이익을 취할 수 있을까?

그것은 한 걸음 물러선 신중함에서 해답을 찾을 수 있다. 당장 눈앞의 이익만을 취하다가는 큰 이익을 뺏기게 된다. '잃어 준 다음 얻어라!' 라는 말이 있다. 결과적으로 이익을 얻고자 한다면 어느 정도의 손해를 감수하는 지혜도 필요하다는 말이다. 한 걸음 물러선 만큼 더 넓은 시야를 확보하기 때문에 좀 더 큰 사고를 가질 수 있는 기회를 얻게 되는 셈이다. 단, 이때를 놓치지

말고 매섭게 기회를 잡는 지혜가 필요 하다.

　게임을 잘하는 사람들의 특징은 상대가 나타나면 한 번에 돌진하여 이길 기회를 잡지 않는다. 어느 정도 지고 이기기를 반복하며 시간을 벌고, 이를 통해 상대를 파악하게 된다. 이처럼 자신이 지고 이기기를 반복하며 최종적인 기회를 발견하게 된다. 그러다보면 큰 게임을 할 기회가 오게 되고, 그 기회를 노려 자신이 원하는 것을 얻어 가는 것이다.

　사람은 미래를 내다보는 눈이 없기 때문에 정확한 기회를 가늠하기 어렵다. 그러나 한걸음 물러나 멀리 바라볼 수 있는 지혜를 갖는다면 매처럼 정확하게 기회를 낚아 챌 수 있는 능력이 길러질 것이다. 당장의 손해에 급급할 필요가 없다. 고비는 도리어 더 큰 이익으로 돌아올 수 있는 성공의 문일 수 있다는 것을 잊지 말자.

 # 부자의 법칙 GIVE AND TAKE!

이익을 얻고자 하는 사람들이 흔히 하는 실수가 바로 손해에 대한 인색함이다. 완벽한 이익에만 눈이 멀게 되면 사람들은 당장의 손해를 거부하게 된다. 그러나 이러한 마음은 상대 또한 가지고 있는 동질적 요소이기 때문에 끝끝내 당신의 이익만을 우선시 한다면 상대방은 당신과 다신 거래 하지 않으려고 할 것이다.

상대도 갖고 싶고, 나 또한 갖고 싶은 이 상황을 어떻게 헤쳐 가야 할까. 중요한 점은 'GIVE AND TAKE' 자세다. 세상은 순환의 원리로 돌아가니 주고받는 원리 또한 마찬가지다. 자신의 이익만 계속 중요시 한다면 관계의 부작용이 나타나기 마련이다. 기회는 계속 순환되기 때문에 기회를 활용하는 처세가 필요하다.

　만일 먼저 주는 아량을 발휘한다면, 이후 호의적으로 받을 기회가 돌아올 것이다. 무조건 손해를 거부하려고 하지 말고, 때론 한 발자국 뒤로 물러나 기회를 찾는 것이 중요하다. 박리다매라는 말 또한 이와 마찬가지다. 먼저 싼 가격으로 고객에게 주려고 하는 마음을 갖는 다면, 고객 또한 주인의 마음을 알게 되어 가게를 자주 찾아오게 될 것이다.

　먼저 주는 마음! 그것이 많은 것을 받을 수 있는 길로 이어진다는 것을 잊지 말라.

 # 부자가 되기 위해선 남들과 다른 시각으로 성공하라

돈을 벌고 그것을 모아 부자가 되는 일! 만약 이 일이 쉬웠다면 사람들은 누구나 부자가 되었을 것이다. 그러나 주변의 부자가 된 사람들을 살펴보면 쉽게 얻어 쉽게 부자가 된 케이스는 없다. 항상 많은 노력과 돈에 대한 열정으로 한 단계씩 성장해 나가야 부자가 되는 것이다. 먼저 돈 되는 일을 찾고, 그리고 그 일에 최대한 노력을 다하는 것이 부자들의 습성이다. 그들은 그런 노력의 단계들을 거쳐 그 자리에 서 있는 것이다.

돈이 되는 일은 어디서 찾을 수 있을까? 누구나 찾을 수 있고, 할 수 있는 일이라면 부자 되기 어려울 것이다. 부자가 되고 싶다면 먼저 새로운 시각으로 세상을 바라봐야 한다. 이를테면 남들이 하기 싫어하는 일은 하지 않는다. 일부러 안하는 일에는 사정이 있기 때문이다. 그런 일에 관심을 가질 필요는 없다. 그러나 남들이 바라보지 않는 일, 찾지 않는 일은 찾아내어 한다.
다른 사람과 똑같아서는 승리할 수 없다. 부자가 되는 행운의 열쇠를 붙잡고 돈이 숨은 광맥을 찾아야 하는 것이다. 사람들이 찾지 못한 그 무언가를 찾은 그때부터 새로운 사업의 운이 열리게 된다.

이미 발전하고 있는 시장의 중간에 들어서봤자 크게 성공할 수 없다. 그것은 많은 사람들이 이미 하고 있는 발상으로 공급이 넘치게 되고, 수요는 이에 비해 일정하기 때문에 성공과 거리가 멀어지게 된다. 예를 들어 한때 유행했던 불닭집 장사가 붐이 일었던 적이 있다. 그러나 여기 저기 불닭집을 하는 곳이 많아지자 한꺼번에 체인점처럼 생겼던 곳들이 전처럼 수익을 내기 어려워졌다.

부자가 되기 위해서는 새로운 금맥을 찾아 혼자 가는 것이 가장 빠른 길일 것이다. 남들과 같은 시각으로 같은 금맥을 판다면 결국 공동사업, 공동분배와 다름없다. 남들이 찾기 어려운 곳으로 시선을 돌려보자. 그곳에 당신만을 위한 금괴가 있을지 모른다.
생각의 사고를 총동원하여 새로운 광맥을 찾아 헤맬 수 있는 능력이 필요하다. 사람들이 하지 않는 것을 하는 것, 찾지 못한 것을 찾아내는 것, 그것이 부자로 조속히 안내해 줄 것이다.

 부자가 되기 위해선 효과적이고 독창적인 아이디어의 생산이 필요하다

창조적인 사고는 누구나 할 수 있다. 그러나 그 창조적인 사고가 힘을 받고 돈을 얻기 위해서는 어떠한 노력이 필요할까.

창조적인 사고와 고집적인 사고는 마치 동전과 같다. 같은 동전을 던졌는데도 앞면과 뒷면으로 나뉘어 보이는 것처럼 창조적인 사고는 순식간에 모습을 달리 할 수 있는 것이다. 창조적인 사고로 인정받는 것은 결국 대중의 의견이 자신과 일치하는 경우에 힘을 얻는다. 누구나 인정 할 수 있는 좋은 사고라고 칭송 받는다면 그것은 독창적이고 창조적인 아이디어로 환영받게 되는 것이다. 그러나 대중의 뜻이 자신의 아이디어와 일치하지 못한다면 이 기발한 아이디어의 생명선은 어떻게 되는 것일까? 그것은 바로 대중의 생각에 반하는 한낱 고집된 사고일 뿐으로 남을 것이다. 바로 여기에 중요한 키포인트가 있다. 그것은 대중의 뜻이

다. 대중의 호응을 얻을 만큼 일치시켜야 하는 것이다.

 대중의 뜻을 한데 모은다는 것은 강력한 무기가 된다. 그렇기 때문에 자유로운 토론을 통하여 여러 가지 의견을 공유하고, 이를 통하여 대중의 반응을 살펴보는 것이 좋은 아이디어를 얻는 핵심 요건일 것이다. 만약 회의를 진행하는 중이라면 타인의 의견을 경청하는 배려를 보여야 하고 흥미진진한 표정으로 상대의 생각을 들어 주자. 때로 대중을 선동할 수 있는 독창적인 아이디어가 당신을 찾아올 수 있을 것이다.

# 부자가 되기 위해 새로운 발상을 이끌어내는 방법

무언가를 창조해내는 소설가를 보면 메모하는 습관을 볼 수 있다. 그들은 아이디어가 떠오르면 어디에서든 바로 필기구를 꺼내어 메모를 하곤 한다. 버스를 타고 가는 길에서나 밥을 먹는 도중, 심지어 잠들기 직전까지 메모지를 가까이 두고 수시로 꺼내어 보며 자신의 생각들을 짤막짤막하게 적어둔다.

기발한 아이디어란 '이제부터 생각하자' 라고 한다고 해서 바로 떠오르는 것은 아니다. 생각은 언제 어디서 떠오를지 모른다. 그러나 기억력은 한계를 가지고 있기 때문에 만약 메모를 해두지 않고 머릿속에 떠다니도록 둔다면 곧 잊혀 지게 될 것이다.

'메모' 는 아이디어를 만드는 원천이다. 아이디어라든가 상술에 보탬이 되는 힌트는 별생각 없을 때에 갑자기 떠오르기도 하고

사람들로부터 얘기를 듣다가 떠오를 수도 있다. 문득 팍 하고 떠오르는 아이디어가 있다면 그것을 잊지 않기 위해 메모하는 습관을 몸에 익혀 두는 것이 대단히 중요하다. 잊어버리고 마는 사람과 그것을 적어 놓았다가 활용하는 사람에게는 시간이 지날수록 따라잡을 수 없는 큰 차이가 생기기 마련이다. 메모는 아이디어의 원천이며 발전과 성공의 기초가 되는 것임을 이해하고 메모하는 습관을 빨리 익혀야 할 것이다.

 메모를 통하여 얻게 된 발상이 효용성을 발휘할 수 있게 하려면 어떻게 해야 할까.

 첫째, 메모는 단순한 메모기능의 단계를 거쳐 깨끗이 쓰고 바르게 정리해 두어야만 한다. 정리가 되지 않은 메모는 쓰레기통 속

에 버려지는 휴지와 차이가 없으며 아무 도움이 되지 못한다. 필요한 때에 필요한 메모를 바로 찾을 수 있는 체계가 되었을 때 메모는 효용성을 발휘할 것이다.

둘째, 하나의 메모에 다른 메모를 잘 연결시키면 거기에서 새로운 발상이 생길 수 있다.

메모는 새로운 발상을 도모하는 동시에 잊어버리기 쉬운 약속이나 사건들을 정리할 수 있고, 하루를 잘 정리해주며 또한 메모하는 모습은 상대방에게 신뢰감을 조성할 수 있다. 부자가 되고 싶다면 성실한 메모광으로 틀 잡는 것이 필요하다.

# 부자가 되기 위한 행동 실천 요령

부자가 되고 싶다면 발상을 행동으로 옮기는 요령이 필요 하다. 부자가 되기 위해 생각을 하고 그것을 실행하는 방법을 다음과 같이 정리한다.

첫째, 호기심을 가져라.

부자가 되는 요령 중에 하나는 새로운 발견을 위한 대상을 찾는 것이다. 여기에 호기심이 작용해야 한다. 항상 주변 사물에 호기심을 갖고 아울러 의문을 갖는 것이 중요하다. 의문은 또 다른 생각을 낫게 되고 해결점과 보완점을 찾게 해주어 새로운 세계의 문을 열어 준다.

둘째, 불만을 가져라.

의문은 불만을 갖게 한다. 불만은 그것을 해결하고자 해결점을 찾게 만든다. 불만이 불만으로만 멈춘다면 오로지 부정적인 의미 그대로 남겠지만, 그것을 해결하려고 하는 의지가 동반된다

면 이것은 굉장한 자산이 될 것이다.

셋째, 실천하라.

불만을 갖고 해결점을 찾았다면 그것을 실천해야 한다. 예를 들어 음식점을 운영하는데 정성들인 음식이 맛이 없는 음식이라면 그 음식 맛이 안 좋은 이유를 찾고 불만을 가져 해결방법을 찾아보는 식이다. 그러한 노력을 통하여 더 좋은 맛있는 음식이 탄생한다면 더욱 크게 성공할 수도 있다.

실천은 곧 성공의 첫걸음이 된다. 물론 여기엔 결단, 용기, 자금력, 시간 등이 필요하다. 시간과 기회를 놓치면 다른 사람에게 지게 된다. 도전하는 것은 바로 지금이다. 세상의 속도는 그다지 녹록하지 않다. 빠른 변화의 속도를 따라 잡기 위해서는 지금부터 새로운 발견과 실천을 행해야 할 것이다.

제3전략
재산을 배로 늘리는 비결

 # 부자가 되기 위해선 변화의 흐름을 읽어야 한다

세상은 놀라울 정도의 빠른 속도로 움직이고 있다. 이러한 시기에 유망업종을 찾기란 쉽지 않다.

사람에겐 미래를 내다보는 힘이 없다. 그렇기 때문에 앞으로 어떤 산업이 각광 받을지 예측하기 매우 어렵다. 이러한 예측 불허의 시기에 성공하고 싶다면 우리는 어떠한 노력을 기울여야 할까.

첫째 미래 각광받게 될 산업의 흐름을 파악하라.

현재 유망업종이라 해도 초스피드로 변하는 현대물결 하에선 순식간에 시대에 뒤처지는 업종이 될 수 있다.

지금은 무한 속도의 변화시대라는 것을 잊지 말라.

지금 각광받는 산업이라도 언제까지 쨍하고 해 뜰 날이려니 안심하면 안 된다. 언제나 대낮이 이어지지 않는다. 깊은 밤이 올 수 있음을 알아야 한다. 그러므로 사업을 영구적으로 번영시키

려면 어느 시대에나 변함없이 가치 발휘를 할 수 있는 업종을 선택해야 하는 것이다.

또한 미래에 각광받을 수 있는 사업을 미연에 연구하고 선도해 나가는 자세가 필요하다.

중요한 점은 인간의 욕구다. 소비하려고 하는 인간의 욕구는 잠들지 않는 불변의 법칙을 갖고 있다. 시대 흐름을 잘 파악하여 각광받을 사업을 미리 간파한다면 결과적으로 큰 부자가 될 수 있는 소지를 충분히 가질 수 있을 것이다.

 부자의 법칙 소비욕구를 미리 알면 큰돈을 모을 수 있다

현대 사회는 소비사회라고 해도 과언이 아니다. 거리에는 소비를 자극하는 수많은 상점들과 상품들이 즐비하고 움직이는 것 자체가 돈이라 할 수 있을 정도로 매체의 홍수는 지나치다.

커다란 변화와 변혁을 겪고 있는 현대사회, 그러나 이 사회에 변하지 않는 불변의 법칙이 있다. 그것은 바로 자본주의가 자랑하는 불변의 욕망, 소비욕구다. 만약 부자가 되고 싶다면 그들의 이러한 니즈를 읽어 바로 자신을 성공시키는 발판으로 만들어라.

소비 욕구를 알고자 한다면 욕구가 흐르는 기류를 살펴보는 것이 중요하다.

첫째, 아름다움에 대한 여성의 소비 욕구다.

한 예로 낙후된 문명을 지닌 원시부족을 살펴보면 원시부족 여성이라도 근본적으로 자신을 가꾸고 꾸미고자 하는 욕구가 대단함을 알 수 있다. 소비하는 액세서리 종류만 해도 셀 수 없을 정도로 다양하며 신발만 해도 그 종류가 수 십 가지에 이른다. 이처럼 어느 문명, 어느 국가의 여성이라 할지라도 여성이란 아름다움과 관련된 소비 욕구가 강함을 파악할 수 있다. 그렇다면 이러한 욕구에 부응하는 전략을 세우면 좋을 것이다. 필경 많은 돈을 벌 수 있을 것이고, 부자 반열에 당신을 앉힐 수 있다.

둘째, 아이들의 욕구에 부합하는 소비재 시장이다.

아이들의 유아용품, 아이들의 유년 용품, 각종 학용품, 캐릭터 상품은 늘 불황이 없는 시장인 것이다.

이처럼 여성과 아이들만 대상으로 해도 한두 가지 아이디어가 아니다. 기존에 비해 조금 더 독창적으로 개발된 상품을 통해 그들의 소비 욕구를 자극할 수 있다면 부자가 되는 길은 결코 멀지 않다. 세상이 풍족해질수록 여성이나 아이들을 대상으로 한다는 것은 성공 가능성이 매우 높을 수 밖에 없다.

 # 돈을 벌려면 인간의 욕망에 집중하라!

인간은 기본적이고 원초적인 욕구나 욕망을 지니고 산다. 가장 기본적인 욕망으로 작용하는 의식주에 대한 욕구가 식품 산업과 의류산업, 부동산 등의 투자로 자연 연계 발전되었다. 이런 발전은 다시금 수많은 파생산업을 이룩하게 하였다.

하지만 인간의 욕구나 욕망은 여기에 국한되지 않았다. 점점 더 다양해졌고, 세분화 되었다.

대표적인 것이 호텔과 모텔 등의 향락 시설이다. 연인들이 주로 찾는 관광산업이 발전하고 그리하여 환상적인 여행이 가능하게 하거나 신혼 여행지 호텔산업이 발전한 것을 보면 그 점을 알 수 있다.

인간의 성적 욕망을 다룬 관련 산업의 발전도 꼽을 수 있다. 룸 싸롱, 노래방, 각종 '방'으로 명명된 산업의 발전도 아득한 옛날엔 찾아볼 수 없는 것들이었다.

일반 가방이나 지갑이 아니라 명품 호황산업이 뜨고 있다.

삶의 질이 풍요로워질수록 인간은 내면적 욕망이 더욱 커지게 된다. 성적인 것을 포함하여 향락은 끝없이 인간의 욕구와 욕망을 자극하고 있다..

인간의 욕망 가운데 또 하나가 바로 도박인데 경마나 카지노가 크게 성업을 이루고 있다. 로또 복권을 판매하는 관련 산업도 매우 방대한 시장을 형성하고 있다.

인간의 잠재적이거나 본능적인 욕망을 제대로 파악한다면 그 욕망이 끝나지 않는 한 계속 이어질 수 있는 호황산업이 무엇인지를 알아낼 수 있을 것이다.

여기서 주목할 점은 사람들의 NEEDS를 파악해서 그것을 이용할 필요가 있다는 것이다. 매우 합법적으로 말이다. 그렇게 하여 당신이 정당하게 부를 쟁취하고 부자가 될 수 있는 길을 찾아야 할 것으로 안다.

 허영심을 역이용해 돈 버는 방법

사람은 누구에게나 어느 정도 나 자신을 꾸미고 싶어 하는 욕망이 있다. 자기 자신은 언제나 인생의 주인공이고, 그것을 모토로 살아가는 젊은이들도 상당하다. 세상에는 이처럼 자기 자신을 꽤 괜찮은 사람이라고 생각하는 사람이 많다. 이러한 일종의 스타 지향성을 갖고 있는 사람들의 심리를 이용하여 관련사업을 벌이는 것도 좋은 아이디어가 될 것이다.

구찌나 에르메스, 샤넬 등 최고의 명품들이 항상 백화점 1층 로비에서 우리를 맞이하는 이유는 무엇일까? 사람들은 왜 롤렉스 시계에 열망하고 최고급 성능의 국산차를 타는 것 보다 외제차를 타는 사람들에게 더 호감을 갖는 것일까?
명품과 외제차, 해외여행을 자랑하는 사람들, 이것은 바로 인간의 허영심을 자극해 이룬 또 다른 마케팅 효과의 성공귀결이다.

　일반적으로 우리는 BMW차를 타고 다니는 사람을 만난다면, 그 사람에 대해 아무것도 알지 못하면서도 '저 사람은 부자구나' 하는 결론을 내린다. 차 주인은 자신의 차에 대한 자부심을 갖고 사람들의 시선을 은근히 의식하게 된다.

　인간의 허영심을 이용한 산업 가운데 성공한 케이스가 바로 골프장 운영이다. 회원제로 골프를 칠 수 있는 시스템은 오히려 더 그 회원제란 특권에 가입하기 위해 더 많은 사람들이 몰려서 호황을 누렸다. 과거 상류층 사람들만 누릴 수 있었던 골프는 시대가 변해감에 따라 보편화 되었다. 일반 서민들 또한 자신의 가정경제가 어느 정도 안정을 찾자 너나할 것 없이 찾는 스포츠 종목이 되었다.

　골프클럽은 회원제로 입장이 되기 때문에 마치 그 입장카드, 즉 회원카드가 하나의 특권처럼 느껴질 수 있다. 사람들은 자신만이 선택된 클럽 회원으로써 기분을 만끽하고 상류층의 기분을 느끼게 된다. 이러한 스타지향성을 교묘하게 노린 골프클럽은 현대에 이르러 큰 호황을 맞이할 수 있던 것이다.

　인간의 허영심을 역이용하라. 먼저 인간에 대해서 알고, 그 욕망에 귀를 기울인다면 구매자의 소비욕구를 자극하는 큰 호황을 누릴 것이다.

# 부자의 법칙 희소성을 이용하여
최대의 효과를 창출하라

마트나 백화점에 쇼핑을 본 사람이라면 한 번 이상씩 '하나 남은 제품입니다' 라는 말을 들어 본 적이 있을 것이다. 그럴 때 당신이라면 그 제품을 어떻게 할 것인가? 99% 이상, 제품을 구입하는 사람들이 많을 것이다. 다른 사람들이 사 간 제품이라는 신뢰성, 자신도 가져야 할 것 같은 군중심리, 하나만 남았다는 희소성은 구매 욕구를 움직이기에 충분하기 때문이다.

명품 시계나 명품 액세서리 등을 보면, 한정판 이라는 말이 있다. 그것은 아주 소량의 물건만을 특별한 고객을 위해 내놓는 제품이라는 뜻이다. 기획 한정판인 만큼 가격은 비싼 제품이 많다. 그런데 사람들은 왜 이렇게 한정판이라는 말에 미치는 것일까?

그것은 희소성에 해답이 있다. 대개의 구매자들은 다수의 사람들이 갖지 못한 소수의 특별함을 부여 받고 싶은 욕망으로 물건 구입을 하게 된다. 그 제품을 구입할 수 있는 시기는 한정 되어

있으며, 또한 구입할 수 있는 장소 또한 한정되어 있기 때문에 물건을 구입하기란 쉽지 않다. 그러나 그 쉽지 않은 제약이 또 다르게 구매의 욕망을 부추기는 것이다. 이는 구입하기 어려운 물건을 구입해 내었다는 인간의 허영심을 자극한 마케팅과도 일맥상통한다.

그렇다면 이 희소가치를 이용하여 사업을 해보는 것은 어떨까. 꼭 그곳에 가야만 구입할 수 있는 물품, 꼭 그 시기에만 구입할 수 있는 상품, 딱 몇 가지만 나오는 희귀 한정판들, 이것은 인간의 희소성에 대한 자극 구매 욕구를 불러일으킬 것이다.

사람들은 희소성이라는 말에 약하다. 희소가치를 높여서 판매를 시작해 보라. 그것은 성공 전략으로 작용하여 돈의 흐름을 획기적으로 바꾸어 놓을 것이다.

 # 부자가 되기 위해선 새로운 생각
에너지로 고정관념에서 탈피하라

새로운 생각으로 성공한 주변 사람들을 보면 마치일상에서 한 번쯤 해봤을 법한 생각을 현실화 한 경우가 많다. 누구나 마음속으로 '이렇게 되었으면 더 좋겠다.' 라는 상품들의 불만의견들을 수많은 연구와 제작과정을 통해 새롭게 재탄생 시킨 것이다.

예를 들어 컵라면을 생각해보자. 인간의 생활 패턴은 계속 빠르게 변하고 이러한 패턴에 맞추어 나온 것이 바로 컵라면이다. 일반 라면의 비효율적인 점은 라면을 끓여 먹기까지 번거롭다는 것이다. 그릇의 물이 끓기를 기다렸다 스프를 넣고, 면을 넣고 이런 일련의 행위들이 번거롭다. 또 다른 단점은 라면을 먹은 후 설거지를 해야 한다는 점이다.

그러나 컵라면의 개발은 이러한 번거로움을 한꺼번에 정리했다. 물만 붓고 익혀 먹고 바로 버릴 수 있는 컵라면은 현대인의

바쁜 소비패턴을 한꺼번에 해결한 참신한 발명품이 되었다. 이제 컵라면은 어디서나 보편화 되어 있다.

콩다방과 별다방과 같은 테이크아웃 커피 또한 마찬가지다. 상가 주변, 높은 고층 건물 주변의 회사원들은 점심시간 또는 아침시간에 여유롭게 커피숍에 앉아 있을 시간이 없다. 그들은 언제 어디서나 들고 다니면서 마실 수 있는 커피를 원했으며 그것이 테이크아웃커피를 통해 해결되었다. 이러한 테이크아웃 커피점은 편리성에 힘입어 수많은 체인점을 형성했고 브랜드 효과를 통해 무서운 속도로 우리 안에 파고들었다.

모두 성공한 아이디어이다. 새로운 생각이 에너지로 변한 것이다. 돈을 만드는 에너지 말이다.

사실 컵라면의 비밀은 아주 간단한데 있었다. 종이컵에 라면을 넣고 그 위에 랩을 씌워 두자 남편이 그것을 보고 "음, 좋은 아이디어군"이란 말을 통해 특허를 내게 된 것이다.

이것이 바로 라면 역사상 획기적인 컵라면의 탄생 일화다. 주부는 발명의 어머니라는 말이 생겨날 정도로 일상생활과 아이디어는 밀접한 연관을 갖고 있다.

인간의 아이디어는 언제든 자유롭다. 새로운 것을 발견해 내려고 애쓰지 말고, 지금 있는 것을 어떻게 하면 더 편리하게 사용할 수 있나 하고 생각한다면 그것은 획기적인 발명의 하나가 되어 큰 부가가치를 남기게 될 것이다. 현재 나오고 있는 가전제품들은 편리함을 더욱 강조하며 진보해 나가고 있다.

중요한 것은 소비자의 입장에서 생각하고 그것을 사용하는 입장이 되어 보는 것이다. 내가 사용한다면 어떻게 이 제품을 더 편리하게 쓸 수 있을까. 그러한 궁리를 하면 할수록 더 많은 편리함을 발견하게 될 것이다. 그리고 그렇게 발견하게 된 새로운 생각, 생각의 에너지는 당신에게 부를 선물할 것이다.

 # 유행의 흐름에 민감해라

OLD AND NEW! 사람이라면 누구나 새로운 것에 민감하다. 모든 사람들은 새것을 사용해보고 싶은 욕구가 대단하다. 이러한 욕구는 기업을 통하여 새로운 상품의 개발을 부추기는 효과가 있다. 물론 기업이 먼저 개발하고 소비자의 욕구를 자극하는 측면도 매우 강하지만 말이다.

그런데 새로운 상품의 개발도 어느 정도 한계가 있다. 기업은 더 새롭고 더 혁신적인 상품을 만들기 위해 노력을 아끼지 않겠지만 아주 자주 상상력이란 한계에 부딪치기 마련이다.

이럴 때 좋은 방법이 있다. 바로 젊은 감각을 이용한 새로운 아이디어의 도출이다. 젊은이들은 기성세대처럼 생각하지 않고 톡톡 튀는 자신들만의 문화가 있다. 그 속에 번뜩이는 아이디어도 많다. 때문에 젊은 감각을 무시하고서 새로운 문화를 창조해 나

가기란 불가능하다. 젊은 감각엔 그들만의 새로운 디자인, 새로운 상품, 영특한 발상을 가져 온다. 그렇기 때문에 젊은 감각을 아이디어의 보고라고도 할 수 있다. 신선한 것이다.

당신이 기업인이라면, 그래서 아이디어를 내야 하는 중요한 시점이라면 젊은 감각을 흡수하려고 노력해야 할 것이다. 자신이 그 젊은이보다 조금 더 OLD한 사람이라는 것을 인정하고 젊은이의 의견과 감각을 열린 마음으로 흡수하려는 노력을 해야 한다. 이것이 오랫동안 기업유지를 할 수 있는 가장 기본적인 마인드 일 것이다.

새로운 것의 흡수와 발전, 기업가라면 그것을 놓쳐서는 안 된다. 만약 젊은이들에게 등을 돌리게 된다면 그 기업에게 내일은 찾아오지 않을 것이다.

 # 열 번 찍어 안 넘어 가는 나무 없다!

현대의 소비자의 계층은 다양하고 굉장히 폭이 넓다. 그만큼 소비자의 니즈를 파악하기 어려운 시점에 와 있다. 한마디로 소비자의 기호가 매우 다양해서 그 흐름을 한 마디로 단정 지어 말할 수 없는 불투명한 시대에 와 있다. 기업은 살아남기 위해 신제품 개발에 필요한 훌륭한 아이디어를 계속 창조해야 한다.

다양한 소비자 계층, 어느 계층을 목표로 해야 할까? 사실 이 또한 확실치 않다. 그러나 중요한 것은 소비자의 기호를 잘 파악해서 팔수 있는 상품이라면 빠른 선택과 개발로 판매를 시작하는 것이 올바르다. 시대는 빠른 속도로 변화되고 있으며, 소비자의 니즈는 항상 그보다 더 빠르게 변화되고 있기 때문이다.

다양한 상품과 정보의 홍수 속에서 여러 번 헤엄쳐보면 반드시

잡을 수 있는 나무가 있을 것이다. 의기소침한 채 아무런 시도조차 하지 못한 다면 어느 것도 손에 잡을 수 없다. 장기적으로 아이디어가 없을 경우 기업의 체력만 잃게 되고 발전을 저해할 것이다. 지금부터 시작하라. 다양한 소비자 계층을 맞출 수 있도록 여러 번, 다양한 시도를 통해 그들의 니즈를 파악하는 것이 중요하다.

# ONE MORE 정신을 발휘하라

복합기에 주목하자. 이것이 바로 다양한 소비자의 다양한 욕망을 채울 수 있는 신 개념 가전 기구다. 한 가지만 실현되는 것이 아니라 여러 가지의 기능을 동시에 갖고 있는 상품은 소비자의 구매 욕구를 자극하는 훌륭한 동기가 되는 것이다. 이런 예는 다른 곳에서도 많이 찾아볼 수 있다. 예를 들어 게임기에 시계 성능까지 추가해서 게임워치를 만든 경우도 있다. 전자제품이나 자동차, 그 밖에 많은 상품은 지금까지 사용을 되풀이해 오면서 무엇인가 편리한 것을 한 가지씩 더 추가해 개량시켜 만든 것이다.

주변에서 볼 수 있는 복합 상품은 무엇이 있을까. DVD와 비디오, TV를 한꺼번에 볼 수 있는 가전 기기에서부터 밥뿐만 아니라 케이크와 찜을 할 수 있는 여러 기능의 밥솥제품, 침대가 되기도 하고 공간 활용이 가능한 접이식 이동 침대까지 다양한 기능의 상품이 나오고 있다. 이러한 제품은 소비자측면에서 여러 가지 필요를 한꺼번에 실현하기 때문에 인기 높은 제품으로 팔릴 수 있었다. 이와 같이 기존의 제품에 무엇이든 한 가지를 더 추가하여 새로운 제품을 개발해 내는 것이 상품으로의 값어치를 껑충 뛰어오르게 하는 것이다.

　기존 상품에 무언가 하나 더 첨가시킴으로 해서 부가가치를 높일 수 있고, 소비자의 구매 욕구를 더욱 충족시킬 수 있다. 이것은 또 가격을 높여 받을 수 있는 빌미로 작용할 수 있다. 이러한 차별화 전략은 매번 성공하였다.
　전화와 램프를 연결했기에 전화가 걸려 왔을 때 램프가 반짝반짝 거리는 전화가 탄생하였다. 그것은 노인처럼 귀가 좋지 않은 사람에게 전화가 왔는지 안 왔는지 눈으로 알려 주는 번뜩이는 아이디어였다.

　여러 가지 욕구 충족을 할 수 있는 다양한 상품들의 발명은 어려운 것이 아니다. 지속적인 시도와 한 가지 더 라는 문제의식이 바로 중요한 핵심 열쇠라는 것을 잊지 말자.

# 미니멀리즘에 주목하라

현대는 축소 지향 시대다. 무겁고 큰 것은 인기를 끌 수 없다. 가장 작고, 가벼운 것이 오늘날의 추세이다. 특히 노트북을 보면 알 수 있다. 휴대하기 쉽고, 간편하며 무겁지 않고 기능이 다양한 노트북은 가장 고가이면서 인기제품이다. 이밖에도 공간을 많이 차지하지 않는 축소 지향형 제품은 오늘날 인기 상품의 대부분을 차지하고 있다.

오디오는 옛날에는 모두 상자만한 크기로 무거워서 운반하기도 힘이 들었다. 그러나 그것은 마이마이라는 카세트 라디오에서부터 손바닥만 한 CD-PLAYER, 이제는 손가락 보다 작은 MP3에 이르기까지 굉장한 발전을 거쳐 축소되었다.

이처럼 소형화가 붐을 일기 시작한 것은 사람들의 편리성을 고려했기 때문이다. 현대의 바쁜 사람들은 움직이면서도 동시에 많은 일을 하길 원하고 있다. 통화를 하거나, 노래를 듣거나 서류를 만질 수 있는 등 시간을 효율적으로 사용하며 움직인다. 이처럼 멀티화 된 고객을 겨냥한 상품을 고려하다보니 다양한 기능의 여러 복합 상품, 축소형의 상품들이 나타나게 된 것이다.

컴퓨터부터 얇고 가벼운 것, 가벼운 중량감의 작은 핸드폰, 작을수록 좋은 것이라는 반응을 얻고 있다. 가격도 큰 것에 비해 오히려 더 비싸게 받는다.

소형화에 타깃을 맞춘 것이 성공률을 높이는 결과가 된 것이다. 이러한 축소 지향의 물결은 미국과 소련의 인공위성 경쟁, 군사 무기 경쟁에까지 영향을 주고 있다. 쏘아 올린 로켓은 무게의 한계가 있기 때문에 그것은 작으면서도 성능이 좋은 것이 요구 되는 것이다.

소형화 개발경쟁은 이제 필수조건이다. 작고 다양한 기능을 갖춘 그러나 성능이 우수한 제품을 만드는 것이 고객이 기본적으로 원하는 제품임을 잊지 말자.

가격 결정의 양극화

　상품의 가격은 제품판매의 핵심적인 요소다. 가격을 결정하는 요인에는 상품의 원가와 마진 등 계산해야 할 여러 가지 부분이 있지만, 이러한 기본적인 것으로 어중간한 값을 정한다면 성공하기 힘들다.

　가격 결정, 조금 더 비틀어서 이렇게 생각해 본다면 어떨까. 그 것은 싸거나, 비싸거나 그 두 가지 양면성을 가지고 있다. 세상은 풍족해질수록 사람들은 보다 고급스러운 것을 찾게 된다. 과거 담배 하나에도 부자가 피는 담배와 가난한 사람이 피는 담배가 달랐는데 지금은 그렇지 않다. 학교 다니는 학생들도 일류 브랜드를 몸에 걸치고 해외여행을 하는 시대가 된 것이다.
　그런데 반대로 현실적으로 수입이 많아졌다고는 하지만 물가가 워낙 높다 보니 싼 것을 찾는 사람들도 상당히 증가하고 있다.

그것은 가전제품이나 카메라 같은 것에서 확실히 볼 수 있는데, 자세히 살펴보면 매년 고급 제품들이 팔리고 있지만 그 한편으로는 전자제품이나 카메라 할인 매장이 여기저기 생기고 점점 증가하는 추세이다. 즉 좋은 물건을 싸게 사려는 것이다.

 높은 가격의 제품 구입은 구매자로 하여금 우월감과 허영심을 자극하여 만족감을 줄 수 있다. 한 일화로 어느 옷가게 주인이 옷이 잘 팔리지 않자, 원피스를 마네킹에 걸어 놓으며 세일 가격을 붙여 놓았다고 한다. 그런데 그 제품이 갑자기 불티나게 팔렸는데, 그것은 다름이 아니라 세일 가격을 잘못 써놓으며 뒤에 '0'을 하나 더 붙였기 때문이다. 저렴한 가격이어도 팔리지 않던 제품이 오히려 가격이 배 이상으로 늘어나자 손님들이 환영하고 찾아온 것이다.

　이처럼 가격은 두 가지의 모습을 갖고 있다. 정신적인 만족과 현실적인 만족감을 채워줄 수 있는 조건이다. 고급스러운 가격의 모습은 그만큼의 서비스를 받고 정신적인 욕구를 채울 수 있는 대우를 원하며, 저렴한 가격은 현실적인 타산을 충족시킬 수 있는 가격조건을 만들 수 있는 것이다.

　이제 가격 또한 평범한 사고에서 결정한다면 성공할 수 없는 시대에 와 있다. 생각의 발상, 고객은 어떠한 상황에서 만족을 하고 구입 동기를 느끼는 것일까? 중요한 것은 뒤집어 생각하는 발상에서 시작되어야 할 것이다.

 # 상품을 팔 때 가장 중요한 힘

 판매를 활성화 시키려면 어떻게 하는 것이 좋을까? 상품판매는 상품력과 비용, 업자의 판매력 등 다양한 과정과 요건들로 이루어지게 된다. 그런데 이때 이 단계에서 어떠한 것이 가장 중요한 기능을 할까.

 판매력과 상품력의 관계에 대해서 어떤 사람은 상품력보다는 판매력이 더 중요하다고 하고, 또 다른 사람은 판매력보다 상품력이 더 중요하다고 하며 서로 상반된 주장을 하고 있다. 물론 경쟁 회사의 상품과 그리 큰 차이가 없는 상품이라면 상품력보다 판매력이 우선이라고 할 수 있다. 그러나 제품을 얼마든지 만들 수 있는 생산설비를 가지고 있다 해도 자기 회사가 팔 수 있는 양 보다 많이 생산하게 된다면, 영락없이 재고가 생기고 만다. 그리고 그 재고는 결국 경영을 압박하는 최대의 원인이 될 것이다.

 과거 물건이 부족하던 시대에는 그리 좋지 않은 물건이라도 잘 팔려 나갔다. 그러나 현대는 모든 것이 풍족한 사회이다. 좋은 물건, 훌륭하고 다양한 기능의 물품이 아니라면 팔리지 않는다. 판매력 또한 어느 곳에서나 훈련이 잘 된 영업사원들이 즐비하기 때문에 경쟁력을 갖기 어려운 시대에 와 있다. 어느 정도 판매력이 있다 해도 다른 곳보다 떨어지는 제품은 이제 팔리지 않는 것이다. 좋은 제품을 만들었다면 판매력이 조금 약하다 해도 그것이 여러 사람의 입에서 입으로 전해져 점점 소문이 퍼지게 되고, 이는 곧 주문으로 이어지게 된다.

 현대의 소비자는 판매자와 마찬가지로 제품에 대한 상식이 뛰어나다. 지식의 과잉화로 인하여 제품의 판단 또한 예리하게 할 수 있는 것이 현대의 소비자다. 그렇기 때문에 좋지 않은 물건으로 판매자의 입담을 빌려 판매할 수 있을 것이라고 판단했다면 오판이다. 현대는 곧 양보다 질의 시대에 들어선 것이다.

 좋은 제품을 생산해 내는 것, 그것이 바로 판매율을 높이는 가장 기본적인 힘임을 잊지 말아야 한다.

제 4 전략
금전운을 잡는 비결

 # 적은 사업 자금, 어떻게 하면 큰 부자가 될 수 있을까?

사업을 시작하려는 초보 경영인에게 가장 부담이 되는 것이 바로 창업비다. 창업비는 자신이 경영을 할 수 있는 공간 확보와 제품을 생산해 내는 여러 장비들, 그것을 생산해 내는 사람들까지 큰돈을 필요로 하게 된다. 그러나 이렇게 큰돈을 한 번에 투자할 수 있는 사람은 많지 않을 것이다. 그래서 우리는 창업을 하려고 할 때 어떻게 하면 적은 돈으로 큰돈을 만들 수 있는 지를 연구하게 된다.

창업비, 가장 중요한 것은 적은 INPUT과 최대의 OUTPUT의 과정이다. 여기서 줄일 수 있는 것은 바로 인건비라 할 수 있다. 기업이 돈을 벌지 못하는 원인은 여러 가지가 있을 수 있는데, 가장 무시하지 못할 것이 인건비다. 인건비가 낮을수록 상품의 가격은 낮아지고 상품을 싸게 만들면 자연히 잘 팔리게 되며 이

익률 또한 증가될 수 있다.

 자동화는 인건비를 줄일 수 있는 가장 좋은 방법이 될 것이다. 또한 자신의 부지런함이 다른 사람을 쓰지 않을 수 있는 좋은 밑거름이 될 수도 있다. 물건을 만드는데 생산 시스템의 로봇화가 긴급한 과제로 되어 있고 앞으로는 서비스업에도 새로운 시스템을 도입해야 할 것이다.

 시대의 흐름을 빠르게 잡아내어 새로운 것을 창조하는 것은 성공할 수 있는 첫 번째 길이다. 가장 적은 돈으로 창업을 하고 싶다면 새로운 변화의 흐름을 파악해야 한다. 인건비로는 자금의 흐름을 막고, 최대 효율과 생산 효과를 내는 방법을 연구해야 할 것이다.

다양한 욕구를 만족 시켜야 하는 알파의 시대

커피숍의 문화가 바뀌고 있다. 누군가와의 약속을 위해 기다리고 대화를 나누는 살롱 위주의 친목 문화에서 혼자 커피를 마시거나, 책을 보는 북 카페 등이 그것이다. 문화는 이렇게 항상 변화한다. 커피숍은 이제 커피 맛만 좋다면 번창 할 수 있는 그런 장소가 아니다. 플러스알파의 기능이 있어야만 유명해질 수 있고 손님이 찾을 수 있는 것이다.

현대를 이르러 서비스 시대라고 한다. 어디서든 최고의 서비스와 다양한 기능을 누릴 수 있는 공간이 마련되어 있기 때문이다. 소비자는 이러한 서비스에 대해 당연하게 생각하고, 이에 대한 퀄리티에 따라 자신의 소비 욕구를 움직여 가고 있다.

극장가를 가더라도 영화만 보는 것이 아니라 차를 마시거나 게임을 할 수 있는 등 복합 기능이 마련되어야만 성공할 수 있다.

더 이상 한 우물만 깊이 판다고 해서 성공 할 수 있는 시대는 아니라는 것이다.

각광받고 있는 서비스 산업은 제3차 산업에만 적용되는 것이 아니다. 제1차, 제2차 산업의 분야에 있어서도 플러스알파의 서비스 부분이 잉여의 효과로 발생된다. 즉 상품화 이상으로 서비스화의 발상 전환에 주의를 기울여야 하는 것이다.

알파 정신에 주목해라. 최근 광고로 집중된 정보 잡지나 취미, 교양, 스포츠 교실, 의류 등이 인기를 끌며 매출을 올리고 있다. 또 무공해 식품 주문 판매, 다양한 도시락, 카탈로그 판매 등도 새롭게 등장하고 있는데 이는 사람들이 점점 즐거운 시간과 편리함을 요구하기 때문이다.

라이프스타일의 변화, 사람들의 의식 변화는 새로움을 요구하고 있다. 기업인은 그 요구에 맞추어 소프트한 서비스를 제공하는 사업에 눈길을 돌려야 할 것이다.

자금 관리
운용 시스템을 효율적으로 사용해라

현대는 다양한 금융 상품이 쏟아져 나오고 있는 금융관리의 시대다. 주변의 회사원을 보면 펀드 상품 하나 없는 사람이 없을 정도로 사람들은 이제 제1금융권에서만 돈을 모으는 것에서 벗어나 다양한 시도를 하고 전문가 못지않은 관리를 하고 있는 것을 알 수 있다.

오늘날은 금융혁명이 진행되고 있는 시대다. 이미 신형 대부업과 신탁업과 신형 정기예금인 기간지정식 정기예금이 몇 년 전부터 새롭게 등장했다. 또한 1개월 이상이 지나면 자유롭게 인출할 수 있는 중기 국책펀드의 등장으로 단기간 밖에 예금할 수 없는 돈도 유리하게 운용하는 길이 열리고 있다. 또한 최근 은행도 국가 채권을 창구에서 판매해 좋은 성과를 거둔 것을 계기로 국책 정기예금 구좌나 중기 국책 정기예금 구좌, 국책 신탁 구좌

더블 등 이율이 높은 국가채권 상품이 연이어 개발되고 있다. 또한 각종 연금플랜 등도 우체국이나 은행, 농협, 신탁은행, 증권회사. 생명보험회사 등에서 앞 다투어 발매하고 있다.

 그러나 미국과 유럽에 불어 닥친 경기 침체와 더불어 몇 년 전부터 IMF때와 같은 경기 불황을 맞고 있는 사람들이 펀드와 주식을 통해 많은 피해를 입었다. 돈을 효율적으로 사용 할 수 있는 펀드가 결국 큰 아픔이 되어 돌아온 것이다.

 그렇다면 안전한 자금 운용관리로 큰돈을 벌 수 있는 방법은 어떤 것이 있을까. 다양한 자금관리시스템에 주목해야 한다. 현대는 말한바와 같이 다양한 자금관리 시스템이 있다. 심지어 금 펀드투자 구좌도 있을 정도다. 유리한 운용처가 점점 개발된다는 것은 예금자 쪽에서 말하면 아주 좋은 시대가 온 것이다. 다양한 상품의 경쟁은 조금이라도 유리한 상품이 있다면 예금이 유리한 금융 기관 쪽으로 옮겨가기 때문에 각 금융 기관도 필사의 각오로 고금리 상품의 개발에 힘쓰고 있다.
 금리의 자유화, 외국 금융기관의 국내 진출 문제, 또 각 금융 기관마다 업무 분담을 일부 재편성하는 문제 등이 도마 위에 올려져있다. 그러나 이를 잘 활용한다면 더 높은 고금리 시대의 변화를 맞이할 수 있을 것이다.

　높이 나는 새가 멀리 볼 수 있고 빨리 먹이를 찾을 수 있는 법이다. 다양한 금융 상품을 찾아보고 여러 바구니에 분산 투자를 해서 장기적인 목돈 만들기를 시도해보자. 이제 장판 밑에 돈을 보관해두는 시대는 지났다. 돈은 순환되어 움직이면서 더 큰 돈을 만들기 마련이다. 다양한 금융 상품을 연구해 보는 것, 이 또한 부자가 되는 첫 걸음일 것이다.

 # 부자가 되기 위한 행운을 부르는
세 가지의 힘

　부자가 된 사람들을 보면 마치 그들에게 향하는 무슨 운명적인 힘이 있는 것처럼 느껴질 때가 있다. 그러나 그것은 섣부른 오해다. 부자가 되는 행운이란 애초부터 존재하지 않는다. 행운을 만들어 내는 것은 바로 끈기와 근성이라는 부자들의 노력이 함께하기 때문에 나타난 결과이다.

　행운은 기회를 포착하고 근성과 노력으로 만들어 내는 사람이 가질 수 있는 유일한 특권이다. 부자란 남보다 더 노력하고, 더 부지런히 움직여서 만들어 낸 위치다. 행운이 따르는 사람은 가만히 있어도 부자가 되지만, 운이 없는 사람은 아무리 노력을 해도 돈이 벌리지 않는다. 나쁜 일은 더 나빠지는 머피의 법칙처럼 꼬리를 물고 일어나기 마련이다. 그러나 운명이란 수레바퀴와 같아서 돌고 돌기 마련이다. 잠깐 운이 따르지 않고 시련이 닥친다고 해서 주저앉는다면 행운은 결코 당신에게 돌아오지 않을 것이다.

 사람에게는 운명, 끈기, 근성이라는 것이 있다. 운명은 인간을 지배하는 필연적이고 초월적인 힘이다. 끈기란 참고 견딜 수 있는 인내를 말한다. 근성은 태어나면서 갖고 있는 사람의 근본이 되는 성질을 말한다. 그런데 이 세 가지의 성질은 교묘하게 결합해서 운명을 개척하는 힘으로 작용한다. 끈기와 근성을 기초로 하여 운을 부르는 것이다. 그래서 이 세 가지의 적절한 조화는 성공의 길로 나아가게 만드는 것이다.
 기회가 왔을 때 그 기회를 성공으로 바꾸는 힘이 바로 평소에 갖고 있던 노력과 근성이 될 것이다. 그것을 적절하게 이용하지 않는다면 기회는 순식간에 멀어지고 만다.

 성공을 부르는 이 세 가지의 힘, 그리고 플러스알파로 웃음이 운명개척에 큰 도움을 줄 것이다. 밝고 긍정적인 사고는 반드시 훌륭한 효과를 가지고 온다. 감사의 기도를 해보자. 분명 운명을 개척하는 힘은 당신을 행운으로 인도할 것이다.

# 몇 번을 쓰러져도
오뚝이처럼 일어나는 정신을 가져라

절대 포기 않는 불굴의 정신을 가진 사람들을 보면 끝내는 자신의 목적을 획득하고 만다. 스포츠 모 기업의 유명한 광고 문구 중에 하나는 'Impossible is nothing' 이란 말이 있다. 불가능, 그것은 아무것도 아니다. 도전하려고 하는 정신만 있다면 그것은 언제든지 재패할 수 있는 하나의 목적일 뿐이다.

누구에게나 시련과 실패는 몇 번이고 찾아온다. 그러나 중요 한 것은 그것을 성공으로 이끄는 것에는 그 시련과 실패를 이겨내느냐, 포기하느냐의 차이다. 물론 능력이 좀 더 높으면 성공의 확률도 그만큼 더 높아 질 것이다. 그러나 그보다 중요한 것은 움직이는 자와 멈춰선 자의 차이다. 멈춰선 자는 절대로 나아갈 수 없다. 그러나 움직이는 자는 끊임없이 위로 향하려고 노력하기 때문에 결국 종착지에 다다르게 되는 것이다.

오뚝이는 몇 번을 쓰러져도 다시 제자리로 일어서고 또 일어선다. 부자가 되고 싶다면, 돈을 벌기위해 성공하고 싶다면, 이 정신을 기억해야 할 것이다. 실패를 두려워하는 것이 아니라 정지된 것을 두려워해야 한다. 실패하고 다시 실패한다 해도 몇 번이나 일어난다면 당신의 성공은 결코 먼 곳에 있지 않을 것이다.

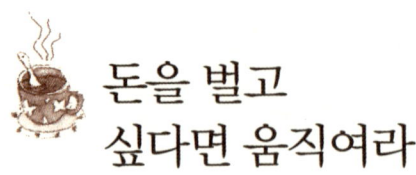

돈을 벌고
싶다면 움직여라

　현대의 젊은이들은 자기 주관이 확실하다. 자신의 의견을 어필하는 것에 한 치의 주저함이 없다. 이러한 모두가 말 잘 하는 시대에는 다른 사람에게 말할 때 그 나름대로의 기획력과 지식이 필요하기 때문에 더욱 더 다양한 공부가 요구 된다. 그러므로 리더십을 발휘해야 하는 사람은 사람들 앞에서 어떻게 이야기해야 할까를 늘 연구해야 하고 그렇게 해야만 다른 사람들보다 한 발 앞서게 되는 것이다.

　침묵이 금이라는 말은 자신의 주장을 어필해야 하는 현대와는 어울리지 않는 말이다. 예를 들어 은행에서 돈을 빌린다고 가정하더라도 우리는 은행원을 설득해야 한다. 기획력과 설득력이 없다면 비즈니스 전선에서는 승리를 얻을 수 없는 것과 마찬가지다. 회사의 회의 시간에 모두 각자의 입장을 털어 놓고, 자기가 가지고 있는 정보와 지혜를 내지 않는다면 회의는 아무 소용

이 없어지는 것이다.

 침묵하고 있으면 쓸데없는 마찰도 불러들이지 않으며 자기의 얕은 지식에 대해 창피함을 느끼지 않고 지낼 수 있다. 처세술로서 침묵은 일정한 유효성을 갖는 것이 사실이지만 성공을 목적으로 하는 사람이라면 그렇게 해선 안 될 것이다. 적극적으로 자기의 의견을 말할 수 있는 정도의 기백이 필요하다.

 소극적이고 부정적인 사람에게 행운은 쉽게 찾아오지 않는다. 적극적으로 움직이고 어필하는 사람에게 운은 찾아오는 법이다.

 # 성공적으로 세상을 살기 위한 세 가지의 힘

사람들이 오늘날의 이 험난한 세상을 멋지게 살아가기 위해서는 세 가지의 필수 조건이 요구 된다. 이는 삶을 멋지게 진행시키고 또 험한 세상과 이겨내기 위해 없어서는 안 될 요건이다.

첫 번째, 체력이다. 체력은 개인적인 차이가 있다. 사람에 따라 두 배 내지 세 배 정도의 차이를 보이기도 한다. 이러한 체력은 일을 하거나, 어떠한 일을 해낼 때 중요시 된다. 남보다 더 일을 할 수 있는 능력, 남보다 더 열심히 집중할 수 있는 능력은 체력이 뒷받침 되지 않는다면 힘들 수 있다.

둘째, 지력이다. 지력 또한 개인별로 차이를 보이는데 아는 것의 차이는 쓸데없는 체력의 낭비를 막을 수 있다. 예를 들어 많은 길을 알고 있는 사람이라면 먼 길로 굳이 돌아가지 않아도 된다. 기계적인 부분에 아는 것이 많은 사람이라면 사람을 불러서 돈을 쓰지 않아도 자신이 아는 것을 활용하여 고장 난 부품이나 작동되지 못한 부분을 고쳐 낼 수 있다.

 마지막으로 개인차가 있지만 언제든지 조절할 수 있는 기력이 있다. 곧 쓰러질 것 같은 사람도 근성을 가지고 있다면 아마 몇 십 배, 몇 백 배의 능력을 발휘할 수 있다. 그러므로 자신이 가진 기력을 최대한 사용함으로써 일에 성공할 수 있다.
 오체불만족으로 유명한 일본의 한 작가가 있다. 사고로 팔과 다리를 모두 잃었지만 좌절하지 않고 심지어 운동까지 하며 열심히 살아가고 있는 그에게 있어 시련은 그저 하나의 과정에 지나지 않는다. 불굴의 의지로 몸을 일으키며 그는 자신의 삶을 멋지게 꾸려가고 있는 것이다.

 사람들에게는 누구나 체력과 지력, 기력이 있다. 그것을 개발하고 발전시켜 나가는 것은 성공과 밀접해지는 길임에 틀림없다. 중요한 것은 자신의 근성을 살려서 항상 최선을 다하는 힘일 것이다. 세상을 살아가는 이 세 가지의 힘을 잘 살린다면 성공은 그리 멀지 않은 곳에 놓여 있을 것이다.

 # 운이 싫어하는 사람들의 유형

　행운 또한 낯가림이 심한 편이다. 운은 수레바퀴처럼 순환해 가고 있지만, 운 또한 피해가고 싶어 하는 사람이 있다.

　첫 번째 유형은 바로 아내를 사랑할 줄 모르는 사람이다. 아내를 사랑하는 사람은 아내의 말을 잘 듣게 된다. 아내는 가정을 위해 헌신하고 집을 사거나 알뜰하게 살림을 하기 때문에 아내를 사랑하는 남편이라면 그런 아내의 의견을 존중하며 돈 쓰기를 멀리 한다. 그러나 아내를 사랑할 줄 모르는 사람이라면 그는 어디를 가든지, 감사의 마음이나 진심으로 사람을 대하기 어렵기 때문에 성공과 멀어 지게 된다.

　아내와의 사이가 좋지 못하면 집안이 무너지고 사업도 잘 될 리가 없다. 가정에서의 균형이 무너지면 정신 상태가 불안정해지

므로 사업을 하는데 있어서도 너그러운 마음을 갖지 못하게 될 수 있다. 가화만사성이라는 말이 있다. 가정이 화목해야 사업도 잘 되고, 하고자 하는 일 또한 쉽게 풀릴 수 있는 것이다.

아내와 사이가 좋지 못하거나 가족을 잘 다루지 못하는 사람은 제 복을 제가 차는 것이나 마찬가지다.

결국 복이 달아나게 되는 것이다. 부자가 되고 싶다면 명심하자. 아내를 사랑하는 것이 바로 행운을 잡는 법이다.

부자가 되고 싶은 사람들이여, 애처가가 되라!

 비즈니스계의 강자가 되기 위한 열 가지 조건

비즈니스 업계에 뛰어 들었다면 전쟁터에서 살아남기 위해 한 순간도 방심해서는 안 된다. 누구든 지독히도 혼자라는 사실을 알아야 한다. 그것을 인정하고 자기 자신에게 채찍질을 한다면 독립적인 힘으로 모든 일을 해낼 수 있는 사람이 될 것이다. 이는 남에게 끌려 다니는 사람이 아니라 자주적인 인격체가 되어 성공할 수 있는 사람이 되는 것이다.

비즈니스뿐만 아니라 삶에 있어서도 마찬가지다. 목표를 가지고 강한 의지로 그 목표를 향해 돌진 하는 것과 아무런 목표 없이 성공해 보겠다는 마음만으로 뛰어드는 것에는 상당히 큰 차이가 있다. 도달점에서 큰 차이를 느끼면 그땐 이미 늦을 뿐이다. 자기 인생의 목표를 향해 스스로를 이끌어 가는 것, 이것만이 당신을 성공시킬 수 있고, 당신을 부자 반열에 올려놓는 결과를 가져오게 할 수 있다. 성공하는 인생을 위해 다음과 같은 열 가지 조건을 충족시켜 가야 할 것이다.

첫째, 일은 혼자 만들어야 하고 남에게 주지 말아야 한다. 일을 독립적으로 할 수 있는 사람은 자신을 더욱 강하게 만 들 수 있다.

둘째, 시키기 전에 일을 하는 사람이 되어야 한다.

셋째, 큰일을 두려워하지 말아야 한다.

넷째, 어려운 일을 노리고 그 일을 꼭 성공으로 이끄는 사람이 되어야 한다.

다섯째, 일이 끝났다고 해서 방심하지 말고 다시 한 번 돌아보는 습관을 가져야 한다.

여섯째, 주변 사람들에 의해 이끌려 다니면 안 된다.

일곱째, 계획을 하라. 장기간 계획을 가지고 인내와 고심 그리고 좋은 노력과 끈기를 추가하면 더 강해진다.

여덟째, 머리를 항상 움직여야 한다. 사방으로 기를 분산해 1%의 쉼도 있어서는 안 된다.

아홉째, 자신감은 최대의 무기다.

열째, 마찰을 두려워 말라. 마찰은 진보의 어머니며 적극성의 비료다. 피하면 비굴하고 미련스러운 일이 됨을 명심해야 할 것이다.

넓고 멀리
그리고 예리한 시각을 가져라

사람에게는 세 번의 기회가 온다는 말이 있다. 그러나 인생을 바꿀 수 있는 이 행운과도 같은 기회는 자신이 왔다는 것을 말하지 않고 떠나버리는 경우가 많다. 이러한 기회를 잡으려면 우리는 어떻게 해야 할까.

평소 기회를 예리하게 파악하고 있었다면 기회를 잡는 것은 어려운 일이 아닐 것이다. 그러나 기회를 자신의 것으로 만드는 방법이 모르고 있었다면 이제부턴 예리한 눈을 갖는 것에서부터 훈련을 하라. 기회를 행운으로 바꾸는 힘, 그것은 평소 자신이 세상을 보고 배우는 노력 여하에 따라 달려 있다.

경영인이라면 논리의 눈과 현장주의의 눈이라는 양쪽 눈을 가져야 한다. 현재의 시대나 또한 앞으로 다가올 미래가 모두 어떻게 변해갈지 모르기 때문에 경영인이라면 두 가지의 관점을 모

두 갖고 있어야 한다.

　높이 나는 새처럼 멀리 볼 수 있는 거시적인 관점도 있어야 하며, 곤충의 눈처럼 정밀하게 세부를 들여다 볼 수 있는 눈도 갖고 있어야 한다. 회사 정보나 환경에 대해서는 새의 눈, 즉 논리의 눈을 통해 가만히 앉아 있어도 훤히 내다볼 수 있어야 할 것이다. 그러나 곤충의 눈은 새의 눈으로 본 것을 실제로 확인해 가며 봐야하므로 우선 거리 조절을 잘해야 할 것이다.

　멀리 내다보고 세밀하게 들여다 볼 수 있는 눈은 경영인에게 더할 나위 없이 이상적일 것이다. 그것은 위기가 닥치거나 기회의 순간을 포착할 수 있는 예리함으로 작용할 수 있을 것이다. 이러한 시야는 한 번에 주어지는 것이 아니다. 회사에 대한 관심과 열정이 함께할 때 점점 확보될 것이다. 경영 전략을 세울 때 이 논리의 눈과 현장주의의 눈을 동시에 갖도록 노력하자.

 # 위기를 기회로 만드는 삶의 지혜

인간의 삶이란 예측 할 수 없기 때문에 행복이 찾아오기도 하고, 불행이 찾아오기도 한다. 그런데 늘 한 사람에게만 불행이 계속 되고 한 사람에게만 행복이 계속되지 않는다. RANDOM PLAY처럼 예측할 수 없이 떨어지는 것이 인생의 행운과 불행이다.

성공하고 싶다면 행운이 왔다고 해서 안주할 필요도 불행이 왔다고 해서 울상을 지을 필요가 없다. 성공한 사람들은 어려울 때일수록 진가를 발휘하는 법이다. 예를 들어 사업이 잘 안되어 빌린 돈이 산처럼 불어나 도산의 위기를 맞이했을 때 심지가 약한 사람은 밤에 도망치거나 자살했다는 뉴스를 듣게 된다. 문제로부터 도망치는 것일 뿐 사태의 수습에는 아무런 도움이 되지 못한다. 자기 도피 발상과 행위는 결국 인생의 종점에 부딪치게 되

는 것이다.

 위기를 또 하나의 기회로 만드는 사람들이 있다. IMF로 인하여 실직한 한 가장은 그 위기를 극복하기 위해 작은 상점을 내고 그로 인하여 성공한 케이스도 있다. 부도 위기에 몰렸던 기업인은 직원들과 합세하여 도리어 더 탄탄한 회사로 거듭나게도 하였다. 이것은 모두 위기를 기회로 바꾸는 지혜였다.

 위기란 그것을 어떻게 이겨내느냐에 따라 기회가 될 수도 있고 영원히 바닥으로 가라앉게 되는 시련이 될 수 있는 것이다. 이겨 내는 힘, 그것을 창조하는 것은 결국 자신의 몫일 것이다.

경제의 바다위에서 파도를 타는 경영인의 지혜

　경제란 마치 파도가 치는 바다 한가운데와 같다. 잔잔하게 보이는 바다라도 언제 집채만한 파도가 덮칠지 모르는 것처럼 시장경제 또한 예측할 수 없는 것이 사실이다. 호황을 누릴 때도 있지만, 어느 날 갑자기 줄줄이 부도를 맞으며 침체기나 위기를 맞게 되는 것이 경제라는 바다의 일상이다.

　성공한 경영인은 마치 경제의 바다에서 파도타기를 잘 한 사람들과 같다. 큰 변화의 흐름을 읽고 주목할 만한 산업 시장에 뛰어 든 경영인들! 성공한 경영인들은 시대의 파도를 잘 탔기에 성공할 수 있었던 것이다. 아무리 열심히 일해도 시대에 뒤떨어지면 결국 성공과도 거리가 멀어지는 것이다.
　현대에 이르러 전자공학 산업과 로봇산업, 에너지 절약산업, 건강산업 등은 시대의 파도를 타고 대 약진을 이루고 있지만, 구조

불황 업종이라고 불리는 섬유 산업이라든가 철강업은 경쟁력이 떨어지고 있다. 이런 시대에도 살아남는 업종은 시대의 파도를 잘 타고 있었기 때문에 전진을 도모할 수 있었고 희망이 가능했다. 그러므로 자기업종의 장래성을 자세히 검토해 볼 필요가 있을 것이다.

 인간이 선견지명을 갖고 있다면 사실 이러한 노력은 필요 없을 것이지만 그러나 누구에게도 미래를 볼 수 있는 능력이 없다. 다만 약간이라도 앞을 내다보는 능력을 갖기 위해 훌륭한 시각을 키우고, 장래성을 잘 살피도록 정보를 분석하는 것이 필요하다. 단지 파도를 타는 것으로는 작은 성공만 이룰 뿐이지 큰 성공은 거둘 수 없다는 것을 명심하자. 파도를 잘 타기 위해서는 잘 탈 수 있는 그 위치에 있어야 하는 것이다. 먼 바다 너울 파도를 내다 볼 수 있는 시각과 적절한 시점에 그 파도를 탈 수 있는 지혜, 그것은 항상 노력하는 자세에서 해답을 얻을 수 있을 것이다.

 # 부자는 늘 한 발 앞서 간다는 사실을 잊지 말라

    남보다 한 발 앞서간다는 것은 남보다 빨리 목적지에 도착 할 수 있는 최종 결과를 선사한다. 속도와 싸우고 있는 현대 사회에 있어서 빨리 간다는 것은 사실 놀라운 이야기도 아니다. 특히 창업을 앞두고 있는 경영인이라면 남보다 빨리 간다는 것에 항상 예민해야 한다. 앞선 사람은 여유 있게 뒤를 돌아 볼 수 있고 또 민감한 산업 시장의 변화를 눈치 챌 수 있기 때문이다.

    미래의 호황산업을 예측하고 빨리 시작한 사람은 창업자로써 큰 성과를 얻을 수 있다. 그러나 한 발 늦게 되면 그 이익은 먼저 시작한 사람에 비해 포화상태이기 때문에 이익은 줄고, 실패의 확률은 높아지기 마련이다. 예를 들어 한 번 더 들자.

    불닭의 인기가 호황을 누리며 여기 저기 체인점이 들어서기 시작했다. 번화가라 할 만한 곳의 호프집 절반은 불닭집이라고 해

앞서가는 사람이 뒤를 볼 여유가 있다

도 과언이 아닐 정도였다. 그러나 조류 독감 사태가 닥치고, 포화상태의 시장이 되자 그로인하여 그 불닭집들은 오래가지 못했다. 가장 안타까운 것은 이 포화 상태에 망하는 집이 속출하는 상태에서 불닭집을 막 시작한 사람들이었다. 그들은 이익 한 번 내지 못하고 문을 닫아야 하는 위기를 맞게 되었을 것이다.

주식 또한 마찬가지다. 주식이 오르고 있다는 소식에 투자를 한 사람들은 이미 오른 주식을 사들였기 때문에 처음 주가가 바닥친 상태에서 산 사람들에 비해 이익률이 현저히 줄어들었다. 심지어 주식이 오르기만 주목하고 있다가 재빨리 팔아 버리는 사람은 주식이 점점 오르는 과정에서 엄청나게 많은 이득을 볼 수 있다. 그러나 그 주식이 실제로 눈에 띄기 시작하고 매스컴이 들먹거리기 시작할 때 시작한다면 이미 시장경제의 흐름으로 내려가고 있을지 모르기 때문에 손해를 볼 지경에 이른다.

# 대여와 소유의 적절한 구분을 통한 경영을 하라

소유가 중요시 되던 시대는 갔다. 굳이 소유하지 않더라도 누릴 수 있는 것들이 주변에 널려 있기 때문이다. 가까운 예로 결혼 예복과 같은 것도 더 이상 소유할 필요가 없어졌다. 예복 대여점이 있기 때문이다. 고가의 물품이나 한 번 쓰고 말 물품들은 이제 대여점을 통하여 빌리고 있다.

집과 같이 장기적으로 살아야 할 보금자리라면 그것을 소유할 가치가 있지만, 단 한 번 쓰고 버리거나 몇 번 사용하지 않을 제품이라면 빌리는 것이 이해타산에 맞을 것이다. 이처럼 우리는 돈에 관련된 것에 관하여 냉철해질 필요가 있다.

신자본주의로 물결을 치며 사람들은 노동의 유연화 속에서 계약직 및 파트타임 등의 인력 대여사업 또한 보편화 되고 있다. 경비나 청소작업 등은 경비회사나 빌딩청소업체 등에 의뢰하면

처리해 주며, 타이피스트나 오퍼레이터 같은 인재를 파견해 주는 인력관리회사도 있다. 어느 회사나 인건비 때문에 골머리를 앓고 있는데 이렇게 외부 사람들에게 일을 맡기면 능력급을 주지 않아도 되며 퇴직금도 필요 없게 된다.

경영자라면 반드시 소유해야 할 장비나 부동산이 있을 수 있으며 빌려야 할 장비나 부동산이 있을 수 있다. 소유가 좋은가, 대여가 좋은가 하는 것은 이익률과 효용가치를 적절하게 계산하여 선택해야 한다. 적절한 구분을 통하여 양쪽의 장단점을 살린다면 그것은 분명 유연한 절감을 가지게 될 것이다.

 # 부자 탄생의 법칙 한 발 앞선 사람들의 성공 노하우

경영인이라면 꼭 가지고 있어야 할 능력이 바로 미래를 내다보고 대비하는 능력이다. 시시각각 변화되고 있는 사회에서 미래의 위기를 대처하고, 기회를 잡을 수 있는 힘은 기업 경영에 있어 꼭 필요하기 때문이다.

일반적으로 사람들은 기회가 왔을 때 그것을 잡아 성공으로 이끌 수 있는 사람이 있는 반면, 기회인지도 모르는 사람 또한 태반이다. 그리고 기회가 온 것을 알지만 준비된 것이 없어 그 기회를 후회와 함께 보내는 경우도 많다.

열매를 맺기 위해서는 씨를 뿌려야 하고 그 씨에 물과 적절한 영양공급을 해줘야 한다. 때로 견디기 힘들 정도로 쨍쨍 내려 쬐는 뜨거운 햇볕 등은 열매를 더욱 달게 할 수 있는 영양소가 될

것이다. 성공을 한다는 것도 이와 마찬가지다. 성공을 목표로 한다면 5년 후, 10년 후를 보고 평상시부터 씨를 뿌리고 준비를 해야 한다. 그것도 무계획적이 아닌 상당히 치밀한 계획을 세워 가며 하나씩 하나씩 일을 착수해 가야 한다. 그러한 것은 미래의 하루하루를 준비하는 중요한 작업이 될 것이다. 그렇게 하나하나 준비해 감으로써 미래의 열매를 맺어 갈 수 있는 것이다.

훌륭한 경영인이라면 이처럼 미리 미리 준비해서 미래를 내다보고 적절한 기회가 왔을 때 열매를 거둬들일 줄 알아야 한다. 뜨거운 햇빛과 고난이 닥친다면 그 시련을 막아줄 대비를 하는 것 또한 경영인이 가져야 할 필수 요건 중에 하나이다. 앞을 내다본다는 것은 매일 매일 철저한 노력 속에서 진행 될 것이다.

단 열매를 맺고 싶다면 기억하라. 씨를 뿌리고 그 열매를 맺기까지 수많은 난관과 시련 속에서 항상 대비해야 한다는 사실을.

 # 냉정하게 주사위를 던져라!

희망은 누구나 꿈꾸는 달콤한 마음이다. 그러나 경영인은 그 희망을 잠시 버려야 하는 순간이 있다. 바로 창업과 중요 계약 직전이다. 이때 요구 되는 것은 냉철함과 정확한 눈뿐이다. 지금 시작하려는 사업, 또는 계약의 성공률은 얼마나 되는가? 그것을 빠르게 판단해내지 못한다면 그 사업의 시작은 이미 성공률이 반으로 준 것이나 마찬가지다.

제 5 전략

자기만의 독창적인 재능을 갖는 비결

# 부자가 되고 싶다면 헝그리 정신을 잊지 말라

인간에게 불행이 없다면 살 의지를 잃게 되는 아이러니한 상황이 만들어 질 것이다. 불행이야 말로 삶의 에너지이다. 배고픈 정신이 있기에 인간은 고달픈 시련과 어려운 상황을 극복하며 더 높이 오르려 한다. 이 정신이 없었다면 위기나 역경에 아주 깊이 빠졌을 때 자포자기해 버릴 것이다.

배부른 쥐는 자꾸 안주하려고 하지만 배고픈 쥐는 계속 먹이를 찾아 헤매는 법이다. 속도와 싸우고 있는 현대 사회에서 안주한다는 것은 곧 사형 선고와 같다. 우리는 늘 바쁘게 그리고 실용적으로 움직여야 한다.

누군가 쥐에게 매일 일정한 시간 먹이를 넣어 준다면 습관화 된 쥐는 더 이상 먹이를 찾을 생각을 하지 않고 누워 있다가 밥 먹

난 배고파
항상 움직인다

을 시간에만 움직이는 비만적 생활을 할 것이다. 그러나 아무도 쥐에게 먹이를 주지 않는다면 쥐는 스스로 살길을 마련하기 위해 백방으로 뛰어 다니고 먹이를 먹으면 그것에 안주하지 않고 다음 식사를 위해 움직임이 계속될 것이다. 결론적으로 두 쥐에게 어떤 삶이 행복하다고 할 수 있을까. 과연 일정한 시간 음식을 받은 쥐는 행복이라는 감정을 알 수 있을까. 먹이를 찾아 헤매는 쥐는 먹이를 찾지 못하는 날도 있고 찾는 날도 있기 때문에 목표로 했던 먹이를 찾는다면 행복을 느낄 것이다.

경영인이라면 잊지 말아야 할 것이 바로 이 '헝그리 정신' 이다. 누구에게나 늘 어려운 시절이 있다. 어려운 시절이 없는 사람은 삶의 목표 또한 없고 행복을 느끼지도 못할 것이다. 어려웠던 시절을 견디고 이긴 사람이야 말로 진정 행복이 무엇인지 아는 사람일 것이다. 만약 지금이라도 나태해졌다면 자신에게 헝그리정신을 채찍질 해보자.

 # 부자 탄생의 법칙 인내는 쓰고 열매는 달다

　성공한 사람들이 모두 달콤한 삶을 살아 왔다고 생각한다면 그
것은 큰 오판이다. 누구에게나 혹독하고 쓴 시절이 있기 때문에
부자로써 또는 성공한 사람으로서 삶을 살아가게 되는 것이다.
인내의 열매는 쓰다는 말이 있다. 그러나 춥고 혹독한 시련을 견
딘 열매일수록 더욱 단 법이다. 어려움을 이겨내야 성공을 향해
미소 짓고 있는 행운의 여신을 볼 수 있는 것이다. 성공에 이르
는 열쇠는 그런 정신적인 인내력에 있다.

　우리는 목표를 향해 가다 시련에 부딪치며 좌절을 하고 무너진
다. 자신만이 겪는 힘든 시련일 것이라고 생각하며 혹독한 시기
를 견디지만 이 또한 성공을 위한 한 과정이다. 그런데 이 시련
을 견디지 못하고 다른 돌파구만 찾으려 한다면 성공은 더욱 멀
어질 것이다. 실패와 성공은 사실 종이 한 장 차이로 결정되는

단순한 길일지 모른다. 인간은 앞을 내다 볼 수 없기 때문에 늘 작은 실패에도 힘겨워 하기 마련이다.

실패를 인내하라. 이것은 경영인이라면 또는 성공한 삶을 살고 싶은 사람이라면 꼭 명심해야 할 사항이다. 실패는 성공을 위한 도약이 될 뿐이다. 그것을 견디고 더욱 열심히 사는 사람만이 큰 열매를 값지게 얻어 갈 수 있을 것이다.

 # 부자 탄생의 법칙 장사의 기회를 잡는 세 가지의 결단력

판매를 하는 사람들에게 그 기회를 잡는다는 것은 쉬운 일이 아니다. 여러 가지 정보를 모아야 하고, 그것을 바탕으로 수익률을 높일 수 있는 직종이어야 한다. 전문가의 조언에 따라 자기의 체험과 지식, 느낌을 한데 모아 최종적으로 판단을 내리는 일이므로 역시 결단을 내리기란 어려운 일이다. 그러므로 그 어려운 결단을 정확히 내리고 창업의 기회를 붙잡는 사람이 돈을 버는 사람이 되는 것일 수 있다.

창업을 앞두고 기업경영을 하려는 사람에게 중요한 세 가지의 요건이 있다. 그것은 결단력과 명확한 판단, 그리고 단념을 할 수 있는 결단력이다. 이 세 가지의 요건은 굉장히 이성적인 판단이 요구되는 감정이다. 사람들은 돈 앞에서 쉽게 흥분하고 이성을 잃기 마련이다. 그런데 상황을 판단할 수 있고 결단을 내릴 수 있는 자신감을 가진 사람이야 말로 성공 할 수 있는 법이다. 장사는 기회를 잡아야하는 것도 중요하지만, 아니다 싶을 때는 접을 수 있는 결단력도 있어야 살아남는 법이기 때문이다.

기회란 하늘이 내려준 것이라는 말이 있다. 기회는 언제 어디서 든 나타날 수 있다. 그러므로 그 기회를 잡기 위해서는 항상 힘을 키워두지 않으면 안 된다. 힘이 갖춰져 있지 않으면 그 기회를 보기만 하고 잡지는 못하여 후회로 남게 될 것이다.

기회를 놓치고 실패했다고 해서 소심해질 필요는 없다. 실패와 시련은 성공의 어머니란 말이 있다. 더 큰 기회를 잡을 수 있는 능력은 바로 이러한 경험에서부터 나온다는 것을 잊으면 안 된다. 삶이란 언제나 기분 좋은 것이 아니다.

절호의 기회를 잡는 것은 매우 어려운 일이다. 그러나 때로 여러 난관이 기회를 위한 발판이 될 수 있음을 명심해야 한다. 당신 앞에 언제 튀어들지 모를 기회를 위해 준비해야 하며 그 기회를 잡기위해 결단할 수 있는 자신감을 가져야 할 것이다.

 # 부자가 되고 싶다면 가장 기본이 되는 신용을 중히 여겨라

장사란 결국 인간관계에서 일어나는 거래행위다. 사람들은 거래를 통하여 자신이 필요한 물건을 구입하고 써 나가며 상품을 파악해 나간다. 상품이 마음에 들고 판매자에게 신뢰를 얻는 다면 고객은 단골 또는 마니아가 형성되기도 한다.

장사에서 가장 중요한 것은 무엇일까. 그것은 바로 신뢰가 밑바탕이 되어야 한다는 점이다. 신뢰란 인간관계에서 가장 중요한 요소이기도 하다. 서로 믿지 못한다면 결국 상품의 효용가치가 떨어지게 되고 소비자는 결국 그 상품을 이용하지 않기 때문이다. 그렇기 때문에 신뢰란 얻기도 어려우며, 또 한 번 잃으면 전보다 찾기가 더 어려워진다.

신뢰란, 장사에서도 중요하지만 사람이 지켜야할 도리이기도 하다. 신뢰는 결코 부정직한 장삿속에서는 나타날 수 없다. 그리

고 그것은 오랜 시간이 흐른 다음에 비로소 얻어지게 되는 진주와도 같이 값진 것이다.

만약 거래가 한 번에 끝난다면 신뢰란 결코 중요하지 않을 수도 있다. 그러나 장사라는 것은 한 번으로 끝나는 것이 아닌 계속 이어지는 것이다. 그러므로 바른 길을 벗어나 다른 사람을 짓밟고 돈을 버는 행위는 결코 있어서는 안 된다. 한 번이라도 잘못된 일이 일어난다면 소비자는 그 가게에 대해 안 좋은 인식을 갖게 되고 또한 안 좋은 소문이 돌게 되어 그 파급 효과가 커질 수 있다.

신용은 하루아침에 얻을 수 없지만 순식간에 떨어지고, 한 번 떨어진 신용은 회복하기까지 많은 시간이 걸리므로 바른 길에서 벗어나지 않도록 주의해야 할 것이다.

# 넓은 시각으로 미래를 보라

큰 장사를 해야 할 부자라면 명심해야 할 것이 있다. 바로 미시적인 관점보다 늘 거시적인 시각으로 내다보아야 한다는 것이다. 물론 세부적인 것들도 완벽하게 준비하는 것이 중요하다. 그러나 이 장에서 넓게 보는 눈이란 바로 품격과 신용을 갖춘 기업의 이미지라는 것을 설명한다.

인간에게 가장 중요한 것은 품격과 신용이다. 기업도 이와 마찬가지기 때문에 기업브랜드 이미지를 생각하지 않을 수 없다. 장기적으로 기업 이미지를 생각한다면 좋은 상품을 제공하여 신뢰를 쌓고 그 품격을 유지할 수 있다. 아무리 뛰어난 광고로 제품이 팔려 나간다고 해도 품질이 뒷받침 되지 않는다면 그 기업은 계속 유지되기 어렵다. 그러나 좋은 제품은 결국 입소문을 거쳐 장기간의 신뢰를 얻게 되어 소비자에게 사랑받는다.

　기업의 신뢰에 가장 중요한 것은 물건을 파는 것이 아니라 어떠한 물건을 만드느냐이다. 이러한 신뢰를 바탕으로 한 경영방침은 당장은 힘들 수 있지만, 넓게 본다면 큰 기업으로 살아남는 키포인트가 될 것이다. 이익만을 쫓아 당장 많이 팔리는 것을 생각한다면 물론 현재 돈이 쌓일 수도 있지만 그러나 그것은 아주 적은 이익에 그칠 것이다.

　큰 부자는 결코 자신의 앞에 놓인 애피타이저에는 손을 대지 않는다. 본식은 지금부터이기 때문이다.
　눈앞의 이익만을 ◎다가 상품의 질을 떨어뜨리게 되면 손님의 불신을 사게 되어 결국은 이익을 잃게 된다. 사업 경영과 내 생활 속에서 눈앞의 손해나 이익은 잘 알고 있지만 장기적인 손해와 이익에 대해서는 의외로 파악이 어렵다. 이제라도 눈앞의 이익에 급급히는 시선에서 벗어나 넓은 시야를 가지고 판단해야 할 것이다.

 # 독립적인 자세는 곧 신용과 연결된다

　사람들의 유형을 살펴보면 독립적으로 자신의 삶을 개척해 나가는 사람과 타인에게 항상 의지하며 자신의 일조차 결정을 내리지 못하는 의지형 인간을 찾아 볼 수 있다. 여기서 주목해야할 사람은 바로 의지형이다. 의지형의 인물이란, 행동이 자신의 의견이나 사고보다는 주변에 의지하여 실행되거나 또는 자신의 의견이나 생각보다 타인을 따라가는 경향의 사람이다. 이러한 사람들에게 사실 신뢰를 기대하기란 어렵다. 신뢰란 상대의 생각과 행동에 동의하여 그것을 믿게 되는데, 이런 사람들에게 실천의지를 찾기란 매우 어렵기 때문이다.

　부자들의 유형을 살펴보면 타인에게 의지하지 않고, 자신의 힘으로 해내려고 하는 일종의 독립적인 자세를 찾아 볼 수 있다. 마치 남을 귀찮게 하는 일은 하지 않는다는 듯, 자신이 할 수 있

는 일은 스스로 해결해 나간다. 그들에게서 타인에게 부담을 주거나 의지하는 인간이라는 단어를 찾아 볼 수 없다.

결단력이 있고 독립적인 자세는 상대에게 신뢰감을 일으키게 된다. 이런 경향은 상거래에서 적용을 한다. 특히 신용을 얻기 위해서는 약속을 꼭 지키는 일 또한 매우 중요하다. 특히 시간 약속은 사실 매우 어긋나기 쉽기 때문에 주의해야 한다. 반복되는 지각과 약속을 어기는 행위는 결국 그 사람의 신용도를 최저로 만들게 된다. 이럴 땐 약속 5분 전에 도착하는 습관을 가지는 것이 좋을 것이다.

결국 신용이란 타인에게 부담과 해를 끼치지 않으려는 독립적인 자세에서부터 시작한다. 약속을 중요시 여기고 타인에게 의지하지 않는다면, 사람들은 그 사람을 신뢰하기 시작할 것이다.

 # 인재는 가장 큰 재산이 될 수 있다

성공한 사람들을 살펴보면 그들 주위에는 항상 사람이 많은 것을 알 수 있다. 다양한 사람들이 그 사람을 중심으로 뭉쳐 있기 때문일까. 만약 성공한 사람이 다치거나 위기에 닥친다면 마치 그들은 전문의처럼 준비하고 있었던 듯, 딱딱 자신의 직분에 맞게 나타나고는 한다.

그들에게는 위기의 순간 그들을 도와줄 사람들이 항상 근처에 많다는 것을 알 수 있다. 마치 필요로 하는 순간에 척척 나타나는 인맥들을 보면 여러 방면의 사람들이 존재한다. 그렇다면 인맥이란 성공과 밀접한 관련이 있는 것일까.

인맥과 성공은 일맥상통한다. 특히 다양한 사람들과의 관계는 풍부한 간접 경험의 세계를 열어두고, 여러 가지 방면으로 활용할 수 있는 기회를 제공한다. 성공한 사람은 확실히 좋은 인맥, 풍부한 인맥을 가지고 있다. 인맥은 최대의 재산이라고 말하는 사람이 있을 정도로 친구나 아는 사람은 소중하다.

직업의 귀천이나 또는 그 사람의 능력여부를 떠나 사람의 미래는 알 수 없는 것이기 때문에 현재의 위치로 그 사람을 판단하기 어렵다. 다만 다양한 사람들과의 교류는 다양한 지식과 체험의 기회를 제공할 수 있다. 사람은 각자의 입장·환경이 다르기 때문에 다양한 생각을 가지고 있으며 완벽하지는 않지만 나름대로의 지식과 정보·체험 같은 것을 가지고 있다. 가능한 한 많은 사람과 친하게 사귄다면 자연히 자신을 위한 사회 공부가 될 것이다.

인맥이 중요한 이유 중의 하나는 감정의 치유 역할이다. 어려운 일이 있거나 힘든 상황에서 카운슬링 역할을 해줄 수 있는 사람이 여러 명 존재하고, 도와줄 수 있는 상황이 확률적으로 높아진다. 그러나 이러한 이유로 사람들을 이용하고, 이것이 목적이 되어 사람을 사귄다면 결코 그 관계는 깊어 질 수 없을 것이다.

또한 긍정적인 인간관계를 위해 늘 노력한다면 적이 생기지 않을 것이다. 사실 적을 두지 않는 것만으로도 인간관계는 어느 정도 성공한 셈이다.

　우리는 사람들과의 관계시스템에서 살고 있다. 그러므로 인간과의 관계는 가장 중요한 삶의 역할을 담당한다. 신뢰를 바탕으로 사람을 사귀고, 관계를 맺어 간다면 그것은 자신에게 더할 나위 없이 좋은 재목이 될 것이다.

 적을 알고 나를 알면 백전백승이다

　치열한 비즈니스 전선! 그곳에서 살아남기 위해 우리는 어떠한 준비를 해야 할까.

　상거래는 사람과 사람간의 승부다. 능숙하게 상대의 마음을 움직일 수 있다면 상거래는 성립될 수 있지만, 상대가 원하는 것을 파악하지 못한다면 결국 그 거래는 실패로 끝나고 말 것이다.

　상거래 성공의 첫 번째, 그 성공의 열쇠는 첫 만남에서부터 시작된다. 첫인상이 중요하다는 말은 굉장히 익숙한 말이다. 상대에 대한 정보가 하나도 없는 상태에서 첫 인상은 그 기업을 대표하는 이미지로 각인될 수밖에 없다. 최근에 이르러 이러한 첫인상의 중요성이 각광받으며 이미지 메이킹 등이 활성화되고 있는 실정이다. 깔끔하고 신뢰감 있는 첫인상과 태도는 거래를 성사시킬 수 있는 마음의 움직임을 갖고 있다.

둘째, 상대의 속마음을 읽어라. 사람들은 너무나 다양하지만 중요한 것은 그 사람의 마음을 활짝 열게 할 수 있는가, 없는가에 달려 있다. 즉 마음속으로 들어가 그들의 심리를 파악해 제품을 팔아야 할 것이다. 첫 만남은 상대에 대한 지식이 부족하여 그 사람의 심리 상태를 파악하기 힘들어 진다. 그러나 대화를 통하여 상대의 기분을 파악하고 좀 더 세밀하게 그를 알아 갈 필요가 있다. 주고받는 이야기 속에서 화술이 뛰어난 사람은 상대의 심리를 잘 파악하고 이야기를 꺼낸다.

적을 알고 나를 알면 백전백승이란 말이 있다. 상대의 이력과 취미 등을 조사하여 공감대를 형성해 나간다면 쉽게 친밀함을 통한 신뢰감을 얻어 낼 수 있다. 현대와 같이 험한 비즈니스 세계에서 이는 가장 기본이 되어야 할 바탕이다.

# 가장 중요한 것은 고객제일주의라는 일념

판매자에게 있어 상거래의 가장 중요한 점은 무엇일까. 그것은 바로 고객 제일주의라는 일념이다.

고객은 판매자에게 있어 항상 가장 큰 손님이다. 결국 상거래에 있어 판매는 최종목적이기 때문이다. 판매를 이끄는 고객은 바로 판매자에게 왕이 되어야 하는 법칙이 있다. 고객은 항상 최고로 모셔야 하며 그들은 작고 큼에 관계없이 일정하게 가장 큰 손님이 되어야한다. 상류층의 부자가 편의점에 와서 라이터를 사지 말란 법은 없다. 사람은 언제든지 큰 물건만 사는 것은 아니기 때문에 당장의 거래로만 손님을 판단하려 든다면 이후 큰 물건을 팔 수 있는 기회를 놓칠 수도 있다.

고객은 판매자에게 가장 중요한 사람임을 잊지 말자. 돈을 벌고

싶다면, 사업에 성공하고 싶다면 항상 고객제일주의 정신으로
철저하게 밀고 나가야 할 것이다.

제6전략
재물을 쌓는 비결

 # 진심이 움직이는 마음의 힘

　판매를 하는 것에 있어 가장 기본적인 자세는 무엇일까. 앞서 말한 고객 제일 중심주의를 실천해 나가는 경영인이라면 반드시 새겨야 할 마음가짐이 있다. 그것은 바로 정성을 다해 움직이는 '진심' 의 힘이다.

　진심어린 마음으로 사람을 대한다는 것은 아주 중요하다. 바쁜 생활 속에서 건성건성 사람을 대하는 경우가 많은데 아무리 바빠도 항상 진심으로 사람을 대해야 할 것이다. 가끔 텔레비전에 등장하는 오래된 식당의 주인을 보면 항상 한결 같은 마음으로 고객을 대하고, 멀거나 가까움에 관계없이 단골이 북새통을 이루는 것을 볼 수 있다. 그곳의 주인들은 한 결 같이 여유로운 표정으로 그저 최선을 다해 그들을 대하고 맛있는 음식으로 대접했다고 한다. 고객을 가족처럼 따뜻하게 대하는 마음, 배웅을 해

주거나 살갑게 인사를 해주는 그들의 진심에서 고객들은 마음을 움직이게 되는 것이다.

진심이란 어렵게 짜내는 감정이 아니다. 고객을 향해 정성을 다하는 마음을 갖는 다면 그것이 바로 몸을 움직이게 하고 미소를 짓게 할 것이다. 이렇게 진심어린 접객 방법에 감동을 받은 손님은 다시 그 가게를 찾을 것이고 그 만큼 돈이 돈을 부르는 가게가 될 것이다.

진심어린 감정의 움직임, 가게를 번성하게 하는 큰 힘이 아닐까.

 # 먼저 자신을
이길 수 있는 강한 사람이 되라

자신감이 넘치는 사람은 빛이 나는 것처럼 모든 일을 함에 있어 주저하지 않고 당당하다. 이러한 사람의 자신감은 타인으로 하여금 신뢰감을 일으키고 궁극적으로 그 사람에 대한 긍정적인 이미지 형성을 하게 한다.

사람을 압도하는 힘, 그것은 경영자라면 비즈니스계의 전쟁에 뛰어 든 사람으로서 가져야 할 힘이다. 자기 자신에게 당당한 사람일수록 더욱 빛이 난다. 이는 노력여하에 달려 있다. 자신이 해본 경험과 노력의 가중치가 그 사람의 자신감을 더욱 빛나게 할 것이다. 이러한 사람을 압도하는 힘은 거래 성사 및 계약 체결에 중요한 역할을 한다.

어떤 사람의 경우는 그 사람 자신의 고유한 부분보다 외부적인

조건이 더 많은 영향으로 작용할 수도 있다. 예를 들어 종교라든가, 연줄 등이 그것이다. 만약 그러한 배경을 가지고 있어서 은연중에 상대에게 인지시키게 된다면 그것은 신뢰감을 또 다르게 형성 할 수 있는 외부적인 힘이 될 것이다.

자신에 대해 자신이 없다면 역시 정신적인 싸움에서 지고 만다. 자기 자신에게 나는 항상 거물임을 암시하고 그 암시대로 차차 큰 인물이 되어 갈 것이다. 큰 희망을 목표로 한다면 사람을 압도할 정도의 도량을 가져야 한다. 만약 실패했더라도 그것을 포용할 정도의 도량이 없다면 안 되는 것이다. 사소한 것 하나하나에 화를 내어 상대의 힘을 쏙 빼놓거나 어떤 이유를 붙여 가며 남에게 책임을 떠넘기고 자기만 좋은 사람인 것처럼 다른 사람을 비방하는 것은 도량이 넓은 인물이라고 할 수 없다. 좋은 것은 80% 정도만 갖고 나머지는 양보해서 상대를 구워삶는 도량

을 갖는 것 또한 치열한 비즈니스계에서 살아남는 방법일 것이다.

 명심할 것은 자기 자신을 이길 수 있는 강한 사람이 되는 것이다. 자신에게 당당할 수 있는 사람이 타인에게 또한 자신감 있는 모습으로 비춰질 것이다. 이러한 힘은 모든 일을 긍정으로 이끌어 가는 원천이 될 것이다.

비즈니스계의 승부, 카리스마를 지녀라

비즈니스는 보이지 않는 전쟁과도 같다. 사람과 사람간의 승부이기 때문에 밀리기 시작한다면 상황은 순식간에 종료되고 만다.

사람들을 사로잡을 수 있는 박력, 그것을 어떻게 해야 자신의 것으로 만들 수 있을까. 사람의 분위기는 그 사람의 용모뿐만 아니라 자세와 표정에서부터 나온다. 예를 들어 호주머니에 손을 넣고 움츠린 자세나 소심한 표정 등은 그 사람이 자신감이 없다는 증거로 보일 수 있다. 이로 인하여 나 외의 상대는 더욱 자신감을 얻게 되고, 나는 신뢰감을 주지 못하게 된다.

박력에 있어 가장 중요한 것은 가슴을 쫙 펴는 당당한 자세다. 가슴을 펴게 된다면 표정부터 달라지는 것을 느낄 수 있을 것이다. 상대의 눈을 바라보며 당당한 눈빛과 표정, 침착한 말투를 가져라. 그것은 그 사람의 기력을 느낄 수 있게 해준다. 어깨가

축 늘어진 것은 자신감을 상실한 것과 같다. 이렇게 허점투성이로 노출된 사람이라면 비즈니스 세계에서 도저히 살아남을 수 없을 것이다.

둘째, 중요한 것이 뒷모습이다. 뒷모습에 허점이 있을 수 있다는 것을 잊지 말자. 움츠린 뒷모습, 소심한 걸음걸이나 껄렁한 자세 등은 쉽게 상대에게 노출되기 쉽다. 어떤 사람의 본연의 모습은 그 사람의 뒷모습에 나타날 수 있다. 예를 들어 기력·박력이 충실한 무사는 뒷모습에도 허점을 찾을 수 없기 때문에 등 뒤에서도 칼로 내리칠 수 없다고 말하듯이 비즈니스의 세계도 뒷모습으로 판단된다.

박력을 길러야 한다. 이것은 상대를 압도하는 카리스마다. 비즈니스계의 승부는 잠재된 카리스마에서부터 시작한다는 것을 잊어선 안 될 것이다.

# 조직 구성원의
단결을 통해 경영 위기를 극복해라

　인재는 기업에서 가장 중요시 되는 요소이다. 우리나라의 대표적인 기업 삼성은 인재를 가장 중요한 자산으로 여기고 있다. 심지어 2%라는 말이 등장하기까지 했다. 이는 곧 2%의 인재가 회사 전체를 먹여 살린다는 것이다. 같은 회사에서 같은 일을 하고 똑같은 월급을 받는다고 해서 모두가 똑같은 직원은 아니다. 그 중에 꼭 필요한 직원이 있고 필요하지 않은 직원이 있을 수 있으며, 또한 대체할 수 있는 직원도 있다.

　이는 곧 인건비와도 직결된다. 인건비가 아깝지 않은 직원이라면 관계없지만 인건비가 새어 나가는 것처럼 느껴지는 직원이 있을 수 있다. 그렇다면 우리는 이러한 인력을 어떻게 단결 시켜 회사를 살려가야 할까. 이것이 바로 경영인이 가져야 할 큰 문제이며 해결해야 할 과제이다.

　인건비에 대한 투자 효과는 모두가 OUTPUT의 역할을 최대 효과로 이끌어 낼 때 이상적이다. 그러나 사회를 구성하고 있는 사람들은 매우 다양하기 때문에 어떤 기준으로 이 효과를 결정할 수 있을지도 난감하다. 머리가 좋은 사람이 있고, 힘을 잘 쓰는 사람이 있으며, 순발력에 강한 사람도 있다. 요는 이러한 사람들의 의지가 모두 회사를 살리는데 단결되어야 한다는 것이다.

　인재는 각자의 재능을 십분 발휘하여 회사를 위해 일 할 수 있는 조직력을 발휘해야 한다. 이것이 경영인과 직원이 가지고 가야할 경영위기 극복의 힘이 될 것이다.

 지금은 국제화 시대, 필사적인 힘을 키워라

현대는 어중간한 힘으로는 극복할 수 없는 일들이 너무 많다. 신자본주의 사회는 결국 경쟁양상을 더욱 가속화 시켰고 현대인은 이에 발맞추어 속도와 경쟁하며 싸우고 있기 때문이다. 이러한 시대에 Y축으로 속도를 향해 올라가고 있다면 X축은 바로 세계화와 겨루고 있다고 할 수 있다. 속도와 세계를 모두 발맞추기 위해서는 대충이라는 달콤한 통용은 있을 수 없다.

비즈니스 세계는 더욱 혹독한 법이다. 냉정한 계약과 상품에 대한 판단, 정이나 사랑은 일면 무시되는 것이 바로 철두철미한 경영세계다. 이러한 시대에 있어 우리에게 필요시 되는 것은 무엇일까.

먼저 남을 압도 할 수 있는 설득력과 자신의 주장이 있어야 한

다. 자신의 주장을 내세울 수 없는 우유부단함을 가지고는 살아
갈 수 없다. 철저하게 계산된 경영 세계는 어중간한 자세로서 빠
르게 올라 갈 수 없어 쉽게 지게 된다.

 편안함만을 추구한다면 높이 올라갈 수 없다. 언제라도 새장 속
에서 탈출할 수 있는 힘을 가져야 한다. 그것이 국제화 시대를
살아가는 우리들이 가져야 할 필사적인 힘이다.

 # 유종의 미를 길러라

부자가 되고 싶다면 반드시 똑 소리 나게 처리해야 할 것이 있다. 그것은 바로 계약서 관리와 돈 관리다. 우리는 계약서를 쉽게 생각하는 버릇이 있다. 계약서에 명시된 수많은 내용들을 읽지도 않고 체결하는 경우도 많다. 예를 들어 핸드폰 구입을 하거나 은행에서 인터넷 뱅킹을 가입할 때, 한때 문제시 되었던 개인정보유출 등이 그것이다.

사람들은 가입을 하며 몇 장에 달하는 계약요건을 다 읽어볼 생각을 하지 못하고 도장을 쉽게 찍는다. 그것은 이미 동의했다는 사인과 더불어 법적 효력을 발생하게 되는데, 이렇게 쉽게 찍은 동의 계약은 이후 자신의 개인 정보가 타 금융기관이나 제 2의 필요기관으로 이관되어 많은 피해를 발생시킨 경험을 들 수 있다. 도장이라는 것은 일단 찍으면 아무리 형식적인 것이라 해도 책임이 발생한다. 도장을 찍은 사람의 사정 따위는 상관하지 않

게 되는 것이다.

계약만큼 중요한 것은 보증서에 찍는 도장이다. 평소 좋은 관
계에 있던 사람에게서 날인의 부탁을 받으면 그럼 누구의 부탁
이냐며 가볍게 도장을 찍는 사람이 있는데 그것은 아주 위험한
일이다. 대출에 관계된 보증인이나 신원 인수인이 될 경우 만약
그 보증을 서 준 사람이 빌린 돈을 갚지 못하거나 또는 생각지도
않은 일 때문에 보증인의 빚을 대신 떠맡는다면 그 지불과 뒤처
리를 해야 하는 법적 책임이 따르게 되는 것이다.

도장을 찍는 것 중에서도 보증 도장은 더욱 주의해야 한다. 물
론 앞장에서 설명한 바와 같이 돈을 모으고 싶다면 보증을 서는
일은 절대 삼가야 할 것이다. 사인과 도장이라는 것은 절대 가볍

게 찍어서는 안 되며 도장을 찍을 때는 서류를 읽고 내용을 모두 이해한 다음에 찍어야 한다.

 돈을 모으고 싶다면 명심하라. 계약서 내용을 충분히 숙지하고, 보증을 절대 서지 않아야 한다.

영업 사원으로
성공하고 싶다면 나 자신부터 팔아라

우리 주변에서 세일즈맨을 적지 않게 만날 수 있다. 자동차 외판원으로 시작해서 보험판매원, 야쿠르트나 음료 판매원, 학습지 판매원 등이다.

성공한 세일즈맨들에게는 공통된 특성이 있다. 잘생기진 않았지만 미소가 항상 가득 찬 외모와 신뢰감이 넘치는 표정이다. 소비자와 대화를 나누어 가며 마치 그들의 심정을 모두 알고 있었다는 듯이 점쟁이처럼 소비자의 마음에 교묘하게 파고드는 그들의 대화술을 보면 관찰자 또한 쉽게 매료되고 만다.

잘나가는 세일즈맨, 그 비결은 무엇일까. 세일즈맨의 성공, 그것은 자기 자신을 파는 것에서부터 시작한다. 사실 영업이라는 것은 사람을 상대하는 일이기 때문에 소비자의 닫힌 문을 열고 들어가기란 쉽지 않다.

영업 중에서도 가장 어렵다는 보험업계에서 성공한 사람들의 이야기를 들어 보면 그 길은 참으로 어렵다는 말을 많이 듣게 된다. 보통은 자기의 친척이나 친구들 한 명씩 만나는 정도도 힘든 노력이다. 실제로 매년 몇 만, 몇 십 만 명인지 알 수 없는 많은 여성들이 보험 영업에 도전하지만 대부분 중도 탈락의 고배를 마시는 일이 끊이지 않고 있다. 이런 살벌한 세계에서도 능숙하게 일을 해내는 사람은 존재하게 마련인데 정상에까지 오른 사람은 상상도 할 수 없이 연간 수입을 올린다고 한다.

TOP의 위치에 오른 그들이 지닌 비결은, 힘든 고난을 이겨내며 미소를 짓고 사람들에게 다가갔던 백번 천 번의 노력일 것이다. 계약 상담을 하는 순간부터 나 자신은 없다. 나 자신을 던져 나를 먼저 판 다음에 훌륭한 영업자로 거듭났던 것이다.

성공한 세일즈맨이 되고 싶다면 명심하라. 나 자신부터 팔고 그리고 그들에게 상품을 팔아라.

 # 부자의 기준

　재산이 얼마나 많아야 부자 소리를 들을 수 있을까. 부자의 기준을 정하는 것만큼 난해한 일은 없을 것이다.

　현금 동원 능력이 백억 대 되는 사람이라도 자신이 정말 부자라고 솔직히 단정하지 못한단다. 백억 대 자산가보다 더 많이 가진 사람이 많기 때문에 상대적 외소증을 느끼고 있다는 것인데 그러다 보니 5억을 가진 사람도 10억을 가진 사람도 100억을 가진 사람도 자신이 부자라고 선뜻 단정하지 못하는 것이다.

　부자의 기준은 자산을 가진 당사자의 만족감에 따라 크게 엇갈린다. 또한 자산가를 바라보는 사람들의 시각에 따라 제각각이기도 하다.

　해마다 포브스잡지 같은 매체에서 세계 최고의 부자 순위를 매겨 발표하기도 한다. 한국의 이건희 회장이나 정몽구 회장 같은 분들이 세계 최고의 갑부 반열에 들기도 한다. 빌게이츠 회장이나 조지소로스 회장 같은 분은 잘 알려진 세계최고의 갑부로 늘 부동의 자리를 차지하고 있다. 그러나 대체 얼마나 재산을 가지고 있어야 부자 소릴 들어도 마땅할 것인지 명확한 기준을 세우긴 어려워 보인다.

단적으로 평생 돈 걱정 없이 살 수 있는 규모를 가졌다면 부자 소리를 들을 수 있을 것인가. 사실 이 질문에도 의문의 변수는 많다. 100억을 가진 사람이나 10억을 가진 사람이나 경우에 따라선 아무런 차이가 없을 수도 있다. 10억을 가진 사람은 차근차근 굴려가며 인생을 여유롭고 풍요롭게 살아가는 길을 가고 있을 수도 있고, 반면 100억을 가진 사람일지라도 일순간에 잘못 사용하여 탕진하는 경우가 있기 때문이다.

몇 평생에 걸쳐 10억 벌기도 어려워 전전하는 사람들이 헤아릴 수 없이 많고 그렇지만 철저히 검소하게 생활하며 알뜰살뜰 부자반열을 향해 나아가는 중일 것이지만 어떤 사람은 운 좋은 투자의 결과로 하루아침에 벼락부자가 되기도 한다.

어떤 사람은 단지 부모나 조부모를 통해 저절로 수많은 재산을 물려받아 자동으로 부자 반열에 앉는 경우도 있는데, 그럼에도 인식이 부족해 상속재산을 야금야금 털어 먹고 빈 털털이 신세가 되는 경우도 있고, 상속받은 재산이 처음엔 별 가치가 없었지만 갑자기 주변의 개발 호재로 인해 크게 보상이 되어 졸부가 된 경우도 많은 것이다.

이렇듯 부자열전을 들여다보면 부자반열에 오르기도 힘들지만

구분하고 정의하기도 힘들고 또한 그것을 지키고 유지하기가 더 힘든 것이다

부자란 아무나 되는 것이 아니란 말인가.

제 7 전략
돈을 굴리는 비결

 # 부지런히 벌어서 번 것은 굴려라

　부자가 되려면 새어나가는 돈을 아끼고 현명한 소비계획 실천을 하는 것도 좋지만 열심히 꾸준하게 돈을 벌어들이는 것이 더 중요하다. 한시도 가만히 있지 않고 수입을 창출하여야 부자 반열에 오를 수 있다. 수입이 일정하지 않거나 넉넉하지 않으면서 돈을 소비하는 일에만 신중한척 만전을 기해보았자 결국 부자가 될 수 없다.

　매우 간단한 말이지만 부지런히 벌어들이고 벌어들인 재화를 굴려가는 다각적인 노력이 필요하다 할 것이다.

　그렇지 않고 돈을 아끼려고만 한다면 괜히 머리털만 줄어들고 스트레스로 병원비나 약값이 더 나올 뿐이다.

　따라서 쓰는 일 보다는 버는 일에 더욱 중점을 두어야 하고 벌어들인 수익은 철저한 투자계획을 가지고 굴려가야 한다. 굴려갈 때에 특히 백번 강조해도 부족함 없는 원칙은 안정성이다 투

자대상이 우량해야 한다. 투자 수익이 적더라도 원금 회수엔 언제든 일말의 의문도 없는 투자가 되도록 해야 하는 것이다.

 정보를 취합,
편집하고 분석결과를 가져라

부자가 되길 염원하는 사람이라면 반드시 이걸 연구하고 살아
야 한다.

주어진 동질의 시간에 어떻게 더 많이 벌어들일 것인가. 무엇이
가장 큰 소득을 안겨 줄 것인가. 어떤 방법을 택해야 높은 수익
이 창출될 것인가. 정보를 취합하고 그것을 잘 맞추어 철저히 계
산하고 검증하여 분석결과대로 행동하는 것이 바람직하다.

한 시간에 얼마를 받느냐가 아니라 한 시간에 얼마를 버느냐로
가치정립을 달리하는 일부터 필요하다.

어차피 20대가 30대가 되고 40대로 이어지는 시간은 잠깐이며
벌어들이는 기간도 잠깐이라는 사실을 앞서 충분히 설명했다.

그러나 사람의 뇌엔 영원성이라는 프로그램이 있어 미리 예정
된 그런 시간도 관념적으로 희미해지는 경향이 있다. 다시 말하
자면 젊음이란 것이 항상성을 가지고 있는 것처럼 그리하여 언

제든 쓰러지고 다시 일어날 수 있는 오뚜기처럼, 그래서 돈이든 물건이든 젊었든 늙었든 항상 벌어들일 수 있는 것으로 착각한다는 것이다. 하지만 이러한 생각은 큰 오산이다. 젊은 20대에 부자가 되기 위해 속력을 내지 않으면 인생의 레이싱을 완주할 수 없을 것이다. 세상은 살면 살수록 기회가 잦아들고 용기도 줄어들어 더욱 더 어려워지는 경향이 있다.

해마다 신규 구직자들 중에 연봉 2천에서 5천의 자리에 안주하려고 작정하는 젊은이들이 너무나 많다. 연봉직은 손에 잡히는 것이고 안정적인 것이라서 그렇게 몰리는 것일 게다.

좀 더 과하게 말하자면 거의 모든 젊은이들이 연봉을 주는 공무원 자리나 회사원 자리로 몰려가고 만다는 것이다. 초중고교나 대학은 이런 연봉자들을 배출하는 수준에 그치고 있고 말이다.

어린 시절부터 훗날을 대비하여 부자로 길러지고 부자가 되기 위한 예비 수업을 시키는 곳이 아니라 일반 회사원을 육성하는 일에 주안점을 두고 있다는 것이다.

물론 다 그런 것은 아니지만 그러나 이제부터라도 시각을 바꾸어야 한다. 천편일률적인 일반 대중을 길러내는 사회시스템이 아닌 GNP를 끌어올리고 GDP를 끌어올릴 수 있는 그리하여 부자가 많은 나라로 만들어가는 사회적 시스템으로 패러다임을 바꾸어야 한다.

회사나 조직이 잘사는 것도 좋지만 개인이 잘 살 수 있는 방향으로 집중 육성될 필요가 있다는 것이다. 개인을 부자로 만들어

주기 위하여 어떤 정보를 어떻게 취합해야 하고 취합한 정보를 어떻게 가공하여 성공에 더 기여하게 가져갈 것인지, 그리하여 개인의 부를 어떻게 축적하여 갈 수 있을 것인지 따라서 국가도 부강해질 수 있을 것인지를 집중연구하고 육성하여야 할 필요가 있을 것이다.

 # 주변 인물일수록 그들의 말은 믿지 말라

　'부자의 집안엔 식객이 북적이지만 가난하면 모두 그 곁을 떠난다.' 이 말은 사마천이 지은 중국사기에 나오는 말이다. 이에 따르면 부자들 주변엔 다양한 사람들이 항상 들끓기 마련인데, 훌륭한 변호사부터 정관계 인사들, 유명연예인들, 사회적으로 굵직한 사람들, 은행관계자, 프라이빗 전문가, 공인회계사, 그 밖에 일일이 열거할 수 없을 정도로 많은 부류의 사람들이 드나들고 넘쳐나게 된다. 부자들은 언제나 그들을 불러 더욱 더 양질의 자문을 구하거나 최고급정보를 얻거나 최상의 서비스를 제공받을 수 있다.

　부자가 되고 부자 반열에 올랐다는 것은 그만큼 많은 혜택의 홍수에 빠져들게 되고 수많은 특권도 누리게 된다. 이뿐만이 아니라 부자들만이 누리는 은밀한 특혜도 많다. 그렇기 때문에 많은 사람들이 부자가 되려는 것이고 심지어 부자 되기를 갈망하는

이유도 여기에 있다.

수억 원 대를 호가하는 값나가는 자동차를 몰고 거리를 질주할 때와 그렇지 않고 저렴한 경차를 이용할 때의 차이점을 느껴본 사람들은 다 안다. 운전자들 사이에 양보하는 미덕부터가 다르다는 것을 말이다.

물론 그런 행위들이 합쳐져서 무슨 특권의식처럼 비쳐지기도 하여 만시지탄을 받기도 하지만 그러면서도 돈은 좋은 것이라고 생각하거나 돈이면 다 된다는 특별한 의식을 갖게 되기도 하고 그러는 동시에 더욱더 부자라는 꼬리표를 놓치지 않으려고 애쓰게 된다는 것이다.

하지만 이런 부자들이 항상 경계하는 대상 또한 사람이라는 점을 명심하라. 부자들일 수록 지독히 고독해지고 고립되어진다. 부자들일 수록 고립무원의 고독 속에 묶여 있으면서도 그것을 즐겨야 한다는 것이다. 주변의 모든 사람들을 대가를 주어야 하는 사람들로 알고 살아야 한다는 것이고, 그들을 대가 희망자로 보고 마음을 열 수 없게 된다는 것이다. 그것은 부인할 수 없는 엄연한 현실이고, 그것을 인정해야만 부자로 살아갈 수 있을 것이다. 그래서 부자는 고독한 사람인 것이다.

부자가 되기를 희망하는 모든 사람들에게도 이 같은 사람들은 꼭 다가올 것이다. 아직은 부자가 되진 못했지만 부자의 기대를 가지고 있고 부자그룹에 속하기 위해 착실히 단계를 밟아가고 있는 사람들에게도 서서히 그런 사람들이 다가오기 시작할 것이다. 대가를 바라는 사람들 말이다.

그런 이들 중에는 컨설팅 전문가, 부동산전문가, 회계전문가, 은행관계자, 격은 다소 차이가 있으나 정관계 인사 등 다양한 사람들이 어떻게 알았는지 다가오기 시작할 것이다.

이들은 부자반열에 오르기를 갈망하며 착실하게 계단을 오르고 있는 사람들에게 더욱 더 빨리 기대를 실현시켜 줄 것처럼 다가오지만 사실은 이들을 통해 부자 반열에 오르지 못하는 실패자들이 속출한다.

'부자가 천국에 들어가지 못하고 부자가 천국에 들어가는 일은 낙타가 바늘귀를 뚫고 들어가는 것보다 어렵다'는 말을 좀 더 유연하게 적용하여 보면 부자가 되는 일은 낙타가 바늘귀를 뚫고 들어가는 일보다 더욱 어렵다는 말로도 해석해 볼 수 있을 것이다.

　따라서 부자가 되기 위해선 필수적으로 염두에 두어야 할일이 바로 사람을 믿어선 안 된다는 것이다. 사람이야 말로 부자가 되는데 있어 최대의 방해가 될 것이다. 아무리 착실히 돈을 모으고 모은 것을 굴려서 재화를 더욱 쌓더라도 사람을 잘못 가까이 하면 어느 순간에 다 털리고 빈 털털이가 된다는 이치를 꼭 기억해야 할 것이다. 부모 대에 그렇게 철두철미 하게 모아서 갑부가 되지만 자식 대에 모든 것을 다 털어 먹고 부자 3대를 넘기지 못하는 이유는 바로 이러한 진리를 망각한 자손들이 주변에 숱한 사람들을 가까이 해서 비롯된 경우이다. 특히 주색을 멀리하는 일은 만고불변의 법칙이고 말이다.

　실패를 피하자면 주변 사람의 그 어떤 자문도 일단 메모하고 철저히 알아보고 검증한 다음 믿는 것이 좋을 것이며 직접 확인하지 않은 정보나 조언에 대하여 결코 과신하여선 아니 될 것이다.

  부자가 되기 위하여 사람이 요물임을 꼭 염두에 두고 비록 지
독하게 고독하더라도 사람을 믿지 말지어다.

 굴려서 불린 것은 다시 굴려라

'돈이란 돌고 도는' 것이다. 이건 세상이 다 아는 속담이다. 돈과 고인 웅덩이의 공통점은 흐르고 돌지 못하면 썩어서 무용지물이 된다는 것이다.

부자가 되기 위해 최우선 과제란 많이 버는 것이라고 했고, 각종 동산에 투자하지 말라는 것이었다. 예컨대 대표적인 동산 가운데 빠르게 유행이 변하는 자동차이다. 그리고 명품이나 패션이다. 이것들은 백해무익한 것이다.

시간이 흘러가면 가치가 상승하는 것이 아닌 시간이 흐를수록 감가상각 되는 동산에 돈을 투자하여 돈의 가치가 오히려 하락하게 만드는 동산류는 부자가 되는 길을 크게 방해하는 위협요인인 것이다. 물론 이러한 당연한 이치를 모르는 사람은 거의 없고, 그런데도 부자가 되지 못하는 사람들이 너무 많은 것은 이러한 당연이치를 알고도 실천하지 못했거나 눈앞의 욕망에 그만

굴복했기 때문이다. 그러다보니 부자야말로 용기와 노력에 의해 탄생되는 과학적 산물이 아니라 하늘이 내는 운명이나 특별한 하늘의 은사로 생각하는 것이다. 그래서 결국 눈앞의 욕망에 이끌려버린 자신의 실책을 반성하기는 커녕 운명 탓을 하고 운수로 그 결과를 돌리는 것이다. 부자가 되지 못한 것은 운명이 그래서 그렇다고 자포자기 하고 마는 것이다.

그러니 각설하고 동산투자는 금물이요, 벌어들인 수익을 무조건 다시 굴려라. 굴려서 얻게 된 또 다른 수익은 적절하게 다시 굴려나가라는 것이다. 그 적절한 방법이란 매우 다양하고 많아서 별도의 연구를 하여야 할 것이다. 하지만 이것만은 염두에 두자. 단 1퍼센트라도 의심이 드는 적절한 방법이란 것을 조심해야 한다는 것이고 오래 장고하라는 것이다. 반드시 원금 회수를 가장 중요하게 생각하여야 한다는 것도 잊지 말고 말이다.

그런데 이러다보면 돈을 굴릴 데가 없어 오히려 묵혀두는 것이 낫다고 생각할 수 있는데 그러나 그것은 오히려 손실을 초래한다는 원리도 잊지 말아야 한다. 그런 사고방식을 가지고 있다면 부자 되기는 포기하는 것이 맞을 것이고 말이다.

한 해 금리가 5퍼센트 대라면 내 돈을 가지고 장롱에 두면 5퍼센트가 손해이고 은행에 두어 3퍼센트 이자를 받았다고 하면 그래도 2퍼센트가 손해라는 것이다. 이것을 10년 앞을 내다보고 계산해보면 막대한 손해가 아닐 수 없는 것이다. 나아가 입체적으로 이를 연산해 보면 이자에 이자, 원금의 또 이자, 원금과 총

이자 등 갖은 모양의 연관 퍼즐이 떠오를 것이다. 그러므로 굴려가야 하는 그리고 굴려갈 수밖에 없는 대원칙에 안정성 회수성을 감안한 종합적 판단을 가지고 돈을 계속 굴려 나갈 때 비로소 부자 반열에 들 수 있는 것이다.

　특히 하나 더 부언하자면 빌려주고 못 받을 차용거래를 하지 말라는 것이다. 보증도 서지 말아야 할 것이고 말이다. 빌려주고 못 받을 돈이라면 냉정히 거절하고 차라리 굴리고 굴려가라. 빌려주고 못 받았을 때보다 적어도 여러 배는 가치가 상승하게 될 것이다. 빌려주고 못 받아 땅을 쳐봐야 아무런 상승효과가 없다.

　지금 살고 있는 주택이나 아파트가 10억이라고 가정했을 때(이건 서울 잠실 인근을 기준해 보았다) 연간 5퍼센트의 이자 수익을 감안하여 1년이면 5천만 원의 상승효과가 나와야 하고 10년이면 복리 효과를 감안하여 적어도 7억 이상의 상승효과가 나와야 하며 지금 사는 아파트 시세가 10년 뒤에 17억에서 20억 수준은 되어야 할 것이다. 그런데 이러한 예상에 조금이라도 불안 요인이 있다면 값나가는 아파트 보다는 다른 방안을 찾아야 할 것이다. 아파트나 주택은 가치 상승을 노려야 하고 꼭 필요한 동산류는 수년이 지나도 그 가치가 덜 하락하는 것들로 구입하는 지혜도 필요하다. 사용하긴 하되 잘 사용하다가 매각을 하더라도 그 가치가 덜 하락하는 것들에 돈을 사용하여야 손실을 줄일 수 있다는 것이다.

대개 정말로 부자 반열에 든 사람들의 일상치고 하나하나가 좋은 제품이면서 수십 년을 사용해도 변치 않으며 그 가치나 효용성이 큰 동산들이 많다. 부자가 되려면 그런 면면을 잘 배워두어야 할 것이다.

그리고 보니 부자의 머리나 수완은 그야말로 입체적 그림처럼 돌아가야 하는 것인가 보다.

 초, 분, 시간 단위로 수익을 검증하라

부자들은 돈을 초, 분, 시간 단위로 생각하고 벌어들일 궁리를 한다. 수익이란 아주 작은 단위에서 차곡차곡 쌓여 간다고 보는 것이다. 무의식적으로 길을 걸을 때에도 오랜만에 여행을 떠난 시간에도 자신들의 자산은 계속 굴러가 스스로 계속적인 이윤을 추구하여야 한다고 생각하는 것이다. 심지어 부자가 잠든 시간에도 그가 하품하는 시간에도 그의 자산은 쉴 사이 없이 늘어가야 한다고 생각한다.

대표적인 인물이 빌게이츠다. 그가 자는 동안, 그가 하품을 하는 동안에도 그의 자산은 전 세계에서 계속 늘어나고 있다. 그는 그렇게 늘어난 재화의 10퍼센트 정도만 다시 기술 재투자하여 세계의 흐름을 선도해 나가면 다시 부동의 부자 자리가 고수되는 것이다.

그러나 항상 손에 잡혀야 하고 눈에 보여야만 움직이는 수동적인 사람들이 있다. 이른바 의심이 너무 많거나 지나치게 신중한 사람들이 바로 이런 이들이다. 고정적이고 확정적인 행태 하에서만 돈은 벌어지게 된다고 믿는 이들도 있고 말이다.

이런 이들은 반드시 손에 만져지는 현장에서 일일이 자가 노동력을 투자하여 자리를 지켜 그에 상응하는 시급이나 일당을 손에 쥐게 되는 것을 선호한다.

이처럼 대다수 사람들은 정해진 규칙에 따른 직접 노동이 아니면 다른 돈벌이는 허황된 꿈에 불과한 것으로 착각하는 것이다. 그런 사람들은 다른 돈벌이 메커니즘에 대해 꿈도 꾸지 못하거나 아예 의식 자체를 하지 않는다. 한마디로 일은 돈이다. 돈은 일을 통해서만 발생한다고 자기 표준을 가지고 있다는 것이다.

이런 분들이 오직 바라는 것이란 시급을 계산하는 일이나 일당을 정산 받는 순간이나 월급날이 돌아오기를 애타게 기다리는 일인 것이다.

이런 획일적 사고에서 그나마 틀을 깨리라 작정한 분들은 판매직에 과감하게 뛰어든다. 뛴 만큼 판매한 만큼 정당하게 보수가 결정되어질 것이라고 생각하기 때문이다. 판매직이야 말로 능력껏 자기보수를 정하는 직업이라고 생각하는 것이다. 그리하여 300만원 월급 받는 사람은 25일 만근에 300만원이지만 자신은 이것저것 한두 가지만 잘 판매하면 하루 이틀에 300만원 월급쟁이를 앞지를 수 있을 것이란 포부와 기대를 가지게 되는 것이다.

　하지만 잠든 사이에도 돈이 벌릴 것인가. 내가 여행을 가고 하품을 하고 아이들과 집안에서 뒹굴 거릴 때에도 물건은 팔릴 것인가. 그리하여 나의 자산은 이상 없이 굴러가서 수익을 내고 있을 것인가. 심지어 내가 병이 들어 누워있는 동안에도 나쁘게는 내가 불의의 사고가 나서 병원에 누워있을 동안에도 나의 자산 가치는 변함없이 지켜지고 있으며 수익을 거듭 창출하고 있을 것인가.

　아니면 그 반대로 전 재산이란 몸 하나 뿐인가. 몸에 달린 두 다리가 아프면 모든 수익도 중단되고 말 것인가. 내가 한 시간 게을리 하면 그만큼 수익이 줄어들고 말 것인가. 내가 그 자리에 없거나 내가 현장에 종속되어 있지 않은 경우 무조건 무노동 무임금이 적용되고 말 것인가. 여기에 해당된다는 것은 심각한 일이 아닐 수 없는 것이다.

어느 일정기간은 그러한 환경에서 고군분투를 해야 할지 모르지만, 그래서 일정한 자산을 축적해야 할지 모르지만, 그렇게 하는 것은 적절한 시점까지만 그렇게 하고 그 적절한 시점이 지나면 그 다음부터는 자동화 단계로 넘어가도록 설계해야 함을 필히 계획해 두어야 할 것이다. 돈이 돈을 벌고 자산이 자산을 낳도록 하는 자동화체계를 말하는 것이다. 그렇지 않으면 부자 되기는커녕 오히려 쓸쓸한 인생으로 전락할 가능성이 매우 높아지게 된다. 세상에서 호흡하며 돈이 없다는 것보다도 불행하고 참담한 일은 없기 때문이다.

돈이 돈 벌고 자산이 자산을 낳도록 하는 자동화체계란 효율적인 금융기법을 지칭하는 것이다. 그러나 다단계 방문판매 형태의 유사수신을 활용하려는 자동화계획은 하늘이 두 쪽 나더라도 고려해선 안 될 것이다.

그런 쪽으로 고려하게 되면 마치 부자로 가는 길을 가장 잘 아는 것처럼 다가오는 식객 중에 부자로 가는 길을 좌초시키는 최악의 식객을 만난 바와 같은 결과를 보게 될 것이다.

 ## 경쟁하지 말고 경쟁에서 멀리 떨어져라

앞서 부자가 되기 위해선 사람을 믿지 말라고 했는데, 그것은 그만큼 부자 되는 길에 사람이 적지 않은 방해를 주기 때문이다.

한국인들을 흔히 냄비 근성을 가진 민족이라고 언급하는 것을 자주 들었는데 한국인들은 군중심리도 매우 강하다고 생각한다. 길거리 물건도 누군가 먼저 사야 이어서 따라 사고, 어떤 사업이 잘된다고 하면 앞 다투어 뛰어들고 가진 자산을 털어 덤벼든다.

아껴둔 자산을 쏟아 붓는 것에 더해 은행 빚을 두려워하지 않고 마구 가져다 던져 넣기 시작한다. 그리곤 이내 치열한 경쟁관계에 돌입한다. 치열하게 상대로부터 영업권을 뺏고 또다시 뺏기다 보니 얼마가지 못하고 폐업이다, 부도다 온갖 후유증에 시달린다.

결국 아껴둔 자산을 잃어버리는 일은 시작일 뿐이고 은행 빚의 이자도 감당하지 못하는가 하면 각종 동산 부동산의 압류 가압

류로 심각한 타격을 받고 쓰러지게 된다. 이것으로 실패가 끝나는 것이 아니다. 온갖 스트레스로 인해 병에 걸리게 되고 음주나 흡연을 습관적으로 하게 되어 생명에 지장을 받기도 하며 최악의 경우 자살이란 극단적인 방향을 선택하기도 한다.

누구나 부자가 되고 싶어 했지만 부자가 되기는커녕 자폭하고 마는 서글픈 인생에 불과해진 것이다.

결코 경쟁하려고 하지 마라. 독보적이고 독창적인 일을 하라. 누구도 쉽게 따라올 수 없는 나만이 가장 잘 해낼 수 있는, 그래서 특별한 영역을 개척하고 그 영역에서 홀로 지내라. 경쟁하지 말고 나만의 시장을 두라는 것이다. 물론 그렇게 해서 내가 잘 된다고 하면 누군가가 금세 나를 따라할 것이다. 따라하는 사람이 늘어나 나를 위협할 정도가 된다면 가차 없이 영업권을 재화로 환산해 팔아치워라. 그리고 탈출하라.

기억할 점은 경쟁이 있는 곳에 먹을 것이 없다는 점이다. 소문난 잔치 먹을 것 없는 이치와 같다.

명심하자. 경쟁하지 말라. 독창적인 일을 찾아 외따로 살되 경쟁자가 늘면 가장 화려한 순간에 팔아 치우라.

 # 법칙 때론 모험을 감행하라

부자가 되기 위해 완벽한 안정이나 무손실만 고집하면 안 된다. 안정과 무손실의 기치 하에 부자를 꿈꾸면 부자 되는 일은 오로지 대기만성밖에 기다리고 있지 않다.

때론 모험을 감행하는 것이 필수적이다. 그러나 모험이라는 찬스는 자주 사용하는 찬스 판이 결코 아님을 알아야 한다. 자주 써서도 안 되지만 근거가 약한데도 모험이라는 찬스 판을 사용하는 것은 엄청난 실패를 부를 것이 뻔하다.

그러나 마냥 계산이 명확한 사안에만 수익을 기대해서는 결코 부자반열에 오를 수 없다. 간혹 뜬구름 같은 일이라도 자세히 파악해서 가능성이 인정된다면 투자할 줄도 알아야 한다. 세상에 변변찮은 일로 대박의 신화를 가져간 일은 셀 수 없이 많다. 구글이 그랬고 과거 넷스케이프가 그랬다. 빌게이츠도 다르지 않다.

뜬구름 같은 일에 자산을 투자해 커다란 성공신화를 이룩한 일들은 우리나라 안에서도 얼마든지 찾을 수 있다. 코스닥 상장사들의 상당수가 이에 속한다. 들리는 풍문으론 300개 이상의 코스닥 회사에 경영 지분투자를 한 부자가 있다는 설도 있다. 이 구설이 맞다면 그 부자야말로 모험의 대가라 아니할 수 없다.

어떤 사람은 상장 직전의 회사들에 집중 투자해서 단숨에 천억 대 부자가 되었다는 실제적 사례도 있다.

이처럼 모험이란 영원히 건드려선 안 되는 영역이 아니다. 모험을 하고 모험을 통해서만 진정한 부자가 생겨날 수 있다 해도 과언이 결코 아닐 것이다.

그러나 타고난 승부사적 기질을 지닌 모험가라 하더라도 언제나 성공하는 것은 아님을 알아야 한다. 어떤 벤처 투자가는 말하기를 10곳에 모험적인 투자를 하면 잘 돼서 대박 나는 투자처는 한 두 곳에 불과하고 나머지는 원금 회수이거나 심지어 원금 손실 나는 일이 다반사라고 말한다. 결국 한 두 곳의 성공이 나머지의 실패를 만회해 주기 때문에 일정한 적절성을 가질 수 있다는 주장이다. 바로 이런 통계학적인 분포도에 기인하여 투자를 하고 모험을 하여야지 그렇지 않고 모든 면에서 다 성공하기를 기대한다면 반드시 모험적 투자는 재앙을 만날 수 있다는 것이다. 따라서 자산의 10퍼센트 범주로 제한하여 모험은 하되 신중한 모험이 될 수 있도록 점검하는 것이 중요하다 하겠다.

모험은 좋은 것이다. 모험이 있었기에 오늘날 미국의 역사가 있

고, 모험이 있었기에 수많은 문명이 존재할 수 있었다. 모험은
부자의 길로 안내하는 '몽학선생' 이다.

제8전략
자기만의 노하우를 쌓는 비결

 # 인격을 상향화 시켜라

부자가 되기 위하여 반드시 지향해야 할 일 중 하나는 자신의 인격을 상향화 상류화 시켜야 한다는 것이다. 그렇게 되면 시간 당 벌어들이는 소득이나 수익의 가치를 높일 수 있다. 이렇게 하는 것은 엄연한 통계를 따르는 것이기도 하다. 학력 수준이 높을수록 잘 살고 그 반대일수록 가난하다는 흔히 알려져 있는 통계 말이다.

많이 배우는 것은 수입이 많아짐을 의미한다. 수입이 많아지면 자신의 인생을 다양한 각도로 상류화 시킬 수 있다. 이렇게 상류화 상향화 시킨 인생은 더 많은 재화의 흐름에 자신을 다가서게 한다.

열심히 공부해서 기왕이면 좋은 대학의 타이틀을 갖는 것도 인생을 상향화 시키는 방법이고, 부가적인 학문을 더 연구해 유용한 기술로 승화시키는 것도 결국 인생 상향화의 한 단면이며 이러한 노력은 자신을 부자반열에 이르게 하는데 크게 공헌하게 만든다.

흔히들 돈이 돈 번다는 말처럼 돈이 붙을 수 있는 환경에 자신이 놓이게 해야 하고 그렇게 하였다면 부자 되는 길을 따라 성실하게 걸어가야 부자가 되는 것이다.

그러나 청소년 시절에 대충 공부하고 되는대로 살면서 마치 바람에 나부끼는 인생을 살게 된다면 아무리 고생해도 되는 일은 없고 소위 목구멍에 풀칠하기도 힘들어 질 수 밖에 없는 것이다.

요는 인생을 레벨 업 시키고 계속적으로 재화가 모이는 곳, 재화의 흐름 속에 뛰어들어 각고의 인내와 노력을 경주해야만 부자가 될 수 있다는 것이다. 그렇지 않으면 부자는커녕 말로가 비참하기 그지없거나 쓸쓸한 인생으로 살아갈 수밖에 없다는 것이다. 누구도 그렇게 살고 그렇게 되길 원치 않겠지만 말이다.

 # 적절히 검증하고 투자하라

자신의 자산을 안전한 은행에 넣어두더라도 적절한 검증은 필요하다. 어떤 회사의 신주인수권부 사채나 여하한 다른 채권에 투자하는 일도 그렇다. 국가가 발행하는 국채를 사두는 일도 그렇고 언제나 100퍼센트 110퍼센트 안전한 것은 아니다. 우리는 은행이 망해 흡수 통합되는 것도 보았고 예금보험공사가 설립되기 전에 우리의 예금 자산이 홀라당 날아갈 수도 있다는 사실에 경악을 금치 못한 적이 있었다. 그 후로 예금보험공사라는 것이 생겨 그나마 안심은 되지만 그래도 개인당 5,000만원 한도 밖에는 유사 시 책임지지 않는다는 것을 안다. 그러니 여전히 그 이상 넘는 돈은 위험할 수 있다고 보는 것이 맞다. 부자가 되는 길을 최고로 방해하는 것이 불안전이다. 불안정이고 말이다. 아무리 노력해도 나 자신의 운명으로만 안 되는 것이 전체가 연관된 운명인 것이다. 나 스스로가 아무리 부자의 운을 타고 났고 부자

로 갈 수 있는 모범 답안을 가졌다 하더라도 나를 둘러싼 주변이
불안하면 그것은 어쩔 수 없는 것이다. 그러니 부자가 되려면 내
가 아직 온전한 부자가 아닌 단계부터 이미 철저하고 안전한가
를 분석하고 적절히 검증하여 검증된 길만을 가야 한다.

 모험이나 도전정신은 자신의 총자산 가운데 10퍼센트 이내에
서 하는 것이고 전체 자산은 꼭 분산하여 다양한 법리적 기초와
바탕 위에서 굴러가도록 해야 한다. 부자 되는 길이란 수많은 복
합적 변수나 함수와 연계되어 있으니 이점을 중시해야 할 것이
다.

# 돈에는 눈이 달렸음을 확신하라

돈을 쥔 사람이 눈을 가진 것이 사실이지만 그러나 실은 돈에 눈이 달린 것이다. 돈을 가진 사람에겐 각종 감언이설이 먹히곤 한다. 아주 자주 이야기로 설득 당하고 이런 저런 장치를 설명하며 근사하게 해석하지만 실은 돈이 주머니에서 밖으로 나갈 때는 꼭 한 번씩 갈등하고 집을 나간다. 이것이 돈의 눈이다. 내키지 않지만 가라고 주인이 시키니 가는 것이다. 그러면서도 다시 소중한 점들을 짚어보도록 권한다. 그만큼 돈이란 무게가 강하다. 돈은 그래서 눈이 달렸다는 것이고 돈을 신으로 보는 그 증거이기도 하다. 내 손에서 떠나가기 전이나 벗어나기 직전 반드시 돈은 주인에게 원망과 갈등을 조성하곤 한다. 한 번 더 주저하게 만드는 것이 곧 돈의 눈이다. 돈의 감정이기도 하다.

그러므로 그런 돈의 감정, 눈 달린 돈의 최종 요청을 무시하는 사람이 되지 말자. 그런 돈의 요청과 원망을 뒤로 하고 유감없이

돈을 내 보낸 사람치고 훨훨 돈을 날리지 않은 사람이 없다. 이 얼마나 어리석은 일인가. 돈은 내게 머무를 때에 내 것이지 내 손을 벗어나면 절대 내 것이 아니다. 돈을 대신하여 무슨 무슨 계약서. 어떤 약정서나 각서, 각종 차용증서를 아무리 가지고 있어야 결국 날아간 돈은 돌아오지 않는다. 뒤늦게 민형사상 이의를 제기하고 손을 써 보지만 원금은커녕 건질 수 있는 것이 별로 없게 된다. 초, 분, 시간 단위로 쪼개서 부자 되기도 힘든 판에 날아간 원금을 회수하기 위해 허비하는 시간은 또 얼마나 큰 낭비인가 말이다.

그러니 눈 달린 돈의 힘을 과소평가하지 말고 어딘가에 투자를 하고 누군가에게 돈을 빌려주기에 앞서 단 하루만 돈에게 기도하고 물어 보아라. 필경 바람직한 해답을 돈이 내려줄 것이다.

 # 고부가가치를 찾아라.

부자가 되기 위하여 또 하나 가져야할 혜안 중에 고부가가치를 창출할 수 있는 어떤 물건, 용역, 투자 대상을 잘 찾아내야만 한다. 고부가가치란 다들 익히 아는 것처럼 원가대비 수익이 매우 우수한 물건이나 재화나 용역이나 금융을 말하는데 이것은 부자 반열에 들려고 하는 사람들의 필수 선택사항인 것이다. 물론 지면을 이용하여 세상의 고부가가치적인 것들을 모두 열거할 수는 없을 것 같다. 그렇게 되면 이야기 자체가 매우 딱딱해 질 것이기 때문이다.

공부를 많이 해서 삶의 격을 레벨 업 시키는 것도 고부가가치스런 일이 되고, 한 달 고정 수입에 얽매이지 않고 얼마를 받느냐가 아닌 얼마를 버느냐란 사고의 전환도 고부가가치스러움이다.

특별한 영역을 개척하여 경쟁하지 않고 사업하는 것도 다 고부가가치스러운 일인 것이다.

평소 고부가가치적으로 생각하고 관찰하며 고부가가치적인 일에 집중하면 고부가가치적인 사람이 될 수 있다. 올림픽에서 메달을 따서 국위 선양을 한 성공한 선수들도 고부가가치적 삶의 결과를 이룩한 것이라 보아야한다. 지위가 높은 사회 중요인사들에게 존경을 가지고 그들을 보호하고 심지어 경호하기까지 하는 것은 그들이 고부가가치적 존재이기 때문인 것이다.

그러므로 스스로의 삶 전체에 고부가가치적 사고나 습관이 배어나도록 노력한다면 누구나 부자가 될 수 있다. 언제든 내가 지금 초당 얼마의 가치, 분당 얼마의 가치, 시간당 얼마의 가치가 있는지 그래서 그 가치대로 수익을 실현하고 있는지를 분석하며 산다면 당신은 이미 부자가 되는 초입에 들어선 셈이다.

 # 네 모든 보물을 한배에 싣지 마라

집중 투자나 단일 아이템에 대한 집중 매수는 모든 보물을 한 배에 싣는 것과 전혀 다를 바가 없다. 그것은 자칫 모든 자산을 한꺼번에 잃게 되는 결과를 초래한다. 그리하여 재건의 기회, 복구의 기회마저도 앗아 가버려 한마디로 자산을 초토화시키게 되는 것이다. 이렇게 되면 다시는 일어설 수 없게 되는 것이다. 이것은 매우 위험하니 무조건 분산 투자를 하도록 해야 한다.

앞서 언급하였듯이 부자가 되는 길에 방해거리는 참으로 많다. 그런 방해거리들은 별다른 표식이 없이 다가온다. 그런 방해거리들을 미연에 주의하지 않을 경우 정말로 난감한 상황에 놓이게 되니 각별히 유의하여야 한다.

이런 사람의 경우를 보았다. 다단계 사업을 하라는 친척의 권유에 견디다 못해 그동안 벌어놓은 수익 중 투자 원칙에 입각한답시고 10퍼센트 범주에서 투자를 결심하였다. 그러자 처음 얼마

간 꽤 쏠쏠한 이익금이 입금되었고 매력을 느낀 이 사람은 유사한 다른 다단계 업체마다 10퍼센트씩 나누어 분산투자를 하였다. 그리하여 그동안 벌어놓은 재산 전부를 다단계 사업에 투자하게 되었는데 얼마 지나지 않아 그는 모든 재산을 날리고 말았다. 결국 이 사람의 투자는 기본적인 투자 범주에 맞추어 분산투자 된 것 같지만 실은 하나의 형태에 자신의 전 재산을 한 배에 실은 셈인 것이다.

전 재산을 한배에 싣고 위험한 곡예를 하게 되면 머잖아 살맛을 잃게 되는 최악의 시련을 겪게 되니 절대로 이런 우를 범하지 말아야 할 것이다.

 # 사랑도 연애도 참았다가 하라

부자가 되기 위하여 사랑도 연애도 참았다가 하는 미덕이 필요하다. 경제적으로 온전히 자립할 수 있는 시기에 사랑과 연애를 하는 것과 경제적으로 넉넉하지 않은 상황에서 사랑과 연애에 빠지는 일은 참으로 많은 차이가 있다.

경제적 자립 기반이 넉넉지 않은 환경에서 사랑과 연애에 빠진다는 것은 끝없이 어려움을 겪게 만든다. 극단적으로 표현하자면 평생 가난과 싸워야 할 정도가 될 것이다.

매번의 데이트 비용을 월 단위, 년 단위로 환산해보면 이점은 금세 알 수 있다. 통장이나 지갑에 돈이 고여 있을 날이 없음을 알게 될 것이다.

데이트 비용은 그래도 약과다. 원치 않는 임신을 하게 된다거나, 불화나 이별로 정신적인 자중심이 흔들려 자기 수입원에 영향을 받는다거나 좌우지간 부작용이 심대한 것이 낭만이요, 로

맨스인 것이다.

　낭만이나 로맨스엔 반드시 비용이 든다. 그 비용이 결국 무리한 차입을 부르기도 하고, 차입이 차입을 낳는 악순환의 고리가 되기도 한다.

　따라서 연애나 사랑도 좀 미루었다가 하는 것이 좋다. 언제하면 좋을 것인가. 돈이 돈을 버는 경제적 자동화 시스템이 구축되어 돌아갈 무렵에 하는 것이 좋다. 그래야 불행을 부르지 않는다. 둘 다 가진 것 없이 오로지 불타는 정열과 사랑으로만 시작하면 남자는 여자로 인해 늘 돈이 마르고 여자는 남자의 빈약한 그릇에 의해 팔자가 드센 뒤웅박 팔자가 되고 마는 것이다.

　서로가 온전히 준비되지 않았다면 서로를 위해서 결코 연애에 빠지지 않는 것이 좋다.

　물론 이런 이야기에 반박할 사람들도 많을 것이지만 그러나 연애하는 두 사람 다 경제적 자립도가 높으면 시너지가 발생할 순 있어도 어느 한쪽이라도 묻어가려 하거나 의존하려 한다면 시너지를 방해하는 것은 물론 일정한 자립도가 있었던 사람마저도 쓰러지게 되는 것이다.

 인생은 짧고 고통은 길다

20대에 마시고 놀기 좋아하면 안 된다. 속히 30대로 접어들어 부자로 가는 시간을 촉박하게 만든다. 여성들은 더욱 더 조심해야 한다. 특히 20대 여성들이 마시고 놀기 좋아하거나 연애감정 즐기기에 여념이 없다면 부자가 될 수 없을 뿐더러 참담한 미래에 직면할 수 있다.

여성들이야 말로 돈에 있어서 뛰어날 정도로 개화되어야 하고 돈의 사리에 밝아야 한다. 여성들이야 말로 더욱 더 부자가 되어야 한다. 여성 부자들이 더욱 더 흔하게 나와야 한다.

평균 수명도 여성이 더 길고, 여성들은 남성들보다 현명하고 현숙한 부분이 많다. 사실 부자로 가는 길에서 실패나 좌초를 초래하게 하는 원인제공자는 주로 남성이지 여성이 아니다. 여성들은 오히려 부자로 가려는 목표를 막는 세상의 많은 위험 요인과 싸워서 자산을 건전하게 지켜야 하고 그러면서도 한편으론 사랑하는 남편과도 처절한 투쟁을 하며 자산을 지켜내야 하는 이중고를 겪게 된다. 결국 부자 여성이 많아야 더욱 더 행복한 사회가 될 수 있다.

그러나 대부분의 여성들은 부자로 살지 못한다. 부자여성으로 사는 것을 동경하다 못해 부자여성이라는 이미지를 심지어 신데렐라에 비교하곤 한다. 부자여성은커녕 부잣집 사모님으로 살기에도 희박한 확률을 가진 것이 엄연한 현실이다. 물론 사회적 차별이 아직도 남아있어서 그런 것이 현실이다. 남성 우월주의는 여전히 혼재하다. 남성과 여성의 소득차별도 문제가 아닐 수 없다. 과거보다 많이 좋아졌다고는 하지만 여전히 지울 수 없는 지문처럼 남아 있는 것이다.

그렇지만 아무리 현실이 그렇다하더라도 여성부자가 많지 않은 것은 여성들 스스로의 욕망 부족이 아닐 수 없다. 어떤 계기를 통해 레버리지 효과(경제적으로 다른 요인에 기대어 일어서는 일)를 노리는 것이 고작이다. 부자가 되는 일엔 거의 관심을 갖거나 그것을 위해 노력을 기울이거나 하지 않는다.

이러한 현상은 대범한 남성들의 특성에 비해 세심하고 현실주의적인 여성들의 성격이나 성향 탓일 수도 있다. 그래서 흔히 돌아다니는 말 중에 '큰일은 남자가 만들고 그 남자는 여자가 만든다는' 말이 있는 것이다. 그러나 이 얼마나 잘못된 말이요, 속설인가. 물론 이 말이 이 경우에 해당되는 말은 전적으로 아니고 다만 속어로 변형되어 사용되는 경우를 말하는 것이니 오해는

말라.

　요는 짧은 20대의 청춘을 오로지 연애감정, 결혼목표, 결혼준비, 육아상담, 명품, 근사한 저녁 데이트에 몰입할 것이 아니라 시간을 아껴 부자 되는 일에 몰두하라는 주문을 넣고 싶다. 인생은 매우 짧다. 젊은 시기의 결단과 용기 부족은 평생 고통으로 이어져 긴 고달픔을 선사하게 됨을 명심하라.

　여성으로 살아가는 많은 동료 여성들, 선배 여성들의 삶을 투영해보고 병폐를 배우지 말라. 전철을 그대로 밟지 말라.

　특별히 남자를 조심하라. 성에 빠지지 말라. 남성과의 성은 부자로 가야할 귀하의 가치관에 엄청난 수정을 가하게 되고 한 남성의 보조역할과 내조 역할로 국한시켜 더욱 더 웅비한 귀하의 잠재력을 크게 제한시킨다.

　결국엔 여자팔자 어느 그릇에 담겼는가를 나타내는 뒤웅박 팔자로 전락시킬 수 있다.

 남녀 성비에 따른 자연스런 잠재력 소실, 소멸로 이어지는 것이다. 그러한 소멸과 종식에 부자란 단어는 어울릴 수 없는 것이다.

 남성의 특성은 오로지 정복욕구이고 정복이 끝나면 또 다른 정복을 찾아 헤매는 것이 습성이지만 여성의 특성이란 한 번의 친교에 평생을 따르고 끌려가는 순종적 가치관이다. 따라서 남성과 연애감정에 빠지고 넘지 말아야할 선을 급격히 넘다보면 독자적이고 독립적인 부자의 길은 애초에 멀어지게 될 것이다.

 부자가 되고 싶은 여성들이여! 남성들을 조심하라!

 # 최후의 방어막은 돈이다

첫 장에서 돈을 사랑하고 돈을 애인처럼 받아들이라고 하였다. 돈은 신이라고도 했다. 돈엔 눈이 달렸다고도 했다. 돈이 없다면 쓸쓸한 말로, 씁쓸한 인생으로 전락하게 된다고도 했다. 돈이 없으면 장사를 잘할 수도 없다고도 했다.

이런 말들을 흘려들어선 안 된다. 돈의 위력은 나이가 들수록, 시간이 흐를수록 실감나게 되고 나아가 절감하게 될 것이다. 그러니 부지런히 벌어야 하고 철저히 단속해야만 한다.

아프고 쑤시고 결릴 때 돈은 보호자가 된다. 자식이 보호해주고 사회복지 시스템이 보호해 주지 않는다. 설령 그렇다 치더라도 그건 일부에 지나지 않는다. 자식이 보호해 주는 것도 다 시늉에 불과하다. 이 말은 부모자식 간을 이간하려는 것이 아니다. 세상 이치인 것이다. 자연의 순리이기도 하다. 몸이 다르고 인격체가 분리되어 있다면 제아무리 가슴을 열어 노부모를 보호하고 공양

하고 싶어도 내 맘 같을 수 없고 내 손 같을 수 없는 것이 자연의 이치다. 게다가 부모 수중에 가진 것이 무일푼이거나 약소할 정도라면 자식들의 푸대접은 당연한 것일 게고 반면에 부자부모의 자식들이라면 온 정성을 다하여 시중을 들게 될 것이다.

나이가 들면 들수록 늙어 가면 갈수록 돈은 유일한 보호막이 되니 인생은 한평생 돈과의 싸움이요, 전쟁인 것이다.

그러므로 지금부터 부자가 되는 방법을 더 연구하여 부자가 되는 일에 정진하라. 그리고 부자가 되어라. 부자가 된 다음엔 대대손손 부의 끈을 놓지 않아야할 방책을 연구하고 그 비법을 전수하여 만 만 대에 이르도록 부자 집안을 이어가게 하라.

온 국민이 그와 같이 하여 모두가 부자 된다면 대한민국도 거칠 것 없는 부유한 강국이 되지 않겠는가. 부자가 되어야 애국도 제대로 할 것이 아니겠는가.

돈은 우상이요, 신이지만 든든한 수호신으로 모셔라

돈과 재물을 대부분 우상 시 한다. 돈, 돈하며 돈을 ◎는 사람들을 향해 가치관이 타락한 사람 취급을 한다. 돈을 모아 크게 부자가 되고자 하는 사람들의 답답한 과정을 대놓고 사기꾼 운운하는 사람들도 많다. 지독하게 검소한 일면을 보고 딱하게 인생을 산다고 나무라기도 한다.

'돈을 사랑하면 일만 악의 뿌리' 라고 하며 종교적으론 상종하면 위험한 인물 취급도 하고 부자의 길에 매료되어 걸어가는 사람들은 이런저런 박해도 참 많이 받는다.

하지만 정말 부자가 되었을 경우 그때부터 사람들은 경의를 표한다. 종교모임에서도 아주 특별한 예우를 하는가하면 부자의 주변에 서서 연신 아부하거나 아첨한다. 사기꾼 운운 하던 사람들도 언제 그랬냐는 식으로 면을 바꾸어 환하게 웃는다. 가는 곳마다 보는 이 마다 경의를 표하게 된다.

　부자가 된 당신을 신처럼 존경하는 것이다. 사실은 돈의 위력이나 부자의 권위에 허리를 숙이는 것이지만 말이다.

　누가 무슨 말을 하든 개의치 말고 흔들림 없이 부자의 길을 가라. 돈은 부자를 수호하는 수호신이자, 부자들이라면 개인적으로 숭상심을 가져야할 신임에 틀림없다.

　그런 수호신에 의지하면 든든한 보호와 추앙을 받을 수 있다. 그러므로 아무리 수모를 당하여도 결코 흔들려서는 안 될 것이다.

　돈을 숭상하라. 부자의 꿈을 현실로 만들어라.

 돈이 충분해야 인생도 참다워진다.

나이가 들면 자손들은 하나둘씩 곁을 떠날 것이다. 그들이 험한 세상에서 어느 정도 덤불을 헤쳐 나갈 수 있도록 노자는 마련해 주어야 할 것이다. 그렇지 않으면 피차 불편한 관계로 이어질 것이다. 충분할 정도의 부야 말로 관계를 유지발전하거나 정신을 계승하는데 꼭 필요하다 할 것이다.

나이가 들면 신체의 노화에 의한 불편함이 많아지게 된다. 당뇨나 고혈압 그리고 심장질환 등이 찾아올 수 있다. 국민건강보험의 보호 덕에 웬만한 질환이나 질병을 값싸게 치료할 수 있지만 그렇지 않은 경우도 상당하다. 부의 효과와 돈의 보호를 이때야 통감할 수 있게 된다.

가진 것과 가지지 못한 것의 차이는 이때쯤 절정에 달한다. 가지지 못한 처지에 따라 제때에 손쉽게 받을 수 있는 진료나 검사를 받지 못하게 된다. 그래서 소소한 병을 키우게 된다. 더욱 더 많은 진료비를 준비해야 하고 진료비가 없어 병은 더 커지는 난감한 사연이 시작된다.

 치아는 예부터 오복의 하나라고 하지만 치아가 하나 둘씩 빠져나가고 그 자리를 메워줄 첨단 기술은 굉장한 속도로 발전을 했지만 문제는 높은 치과 의료비용이다. 치과비용을 구하지 못한 노인들은 치아가 빠진 채로 잇몸을 이용해 음식을 우물거려 먹어야 한다. 그러다보니 위장장애까지 겪게 되어 노년은 쓸쓸한 음악을 틀어놓은 초겨울의 삭막함만 흐르게 된다.

 제철음식을 마음껏 먹을 수도 없고 많은 사람들이 가는 철 따른 여행도 다닐 수 없다. 마음은 늘 고독하고 외롭고 적막해질 것이다.

 부자가 아무리 고독하고 고립무원이라 하더라도 빈자의 고독에 비하면 행복하고 아름다울 것이다.

 부자의 집안에선 늘 다툼이 일어나고 심지어 존속살인이 일어나며 각종 소송이 일어나는 것 같지만 실은 빈자의 밥상이 더욱 더 처절한 싸움의 장으로 변하게 된다는 현실을 알아야 한다.

 부자로 살면서 불편할 것이란 생각을 버려라. 부자로 살면 삶에 인간적인 냄새가 없을 것이란 편협을 버려라. 부자로 살면 다투고 시가하다 끝날 것이란 오해도 버려라. 도리어 그런 불협화음은 빈자의 주변에 더 많이 일어난다. 없이 살아도 마음 편하면 그만이라는 말은 부자의 삶을 전혀 모르는 소리이며 부자가 되기를 일찌감치 포기하고 한낱 눈앞의 욕망에 굴복한 사람들이

위안삼아 지어낸 말임을 꿰뚫어 볼 줄 알아야 한다.

부자는 아름답고 행복한 것이다. 그러니 부자가 되는 방법을 더욱 터득하고 반드시 부자가 되려고 노력하라.

참다운 삶은 부자가 되어야 더 깊이 느끼게 될 수 있고 돈이 많아야 더욱 참다워질 수 있다.

세상에 만연한 적당한 위안에 만족하고 그것에 안주하면 세상을 하직하는 그날까지 부자가 될 수 없다.

 자손들에겐 기본을 물려줘라

　세상 부자들은 틀린 생각을 하고 있다. 부자가 죽으면 그 나라 정부에서 적어도 50퍼센트의 상속증여세를 가져간다. 결국 나머지를 어쩔 것인가. 여기서 세상 사람들이 평가하는 두 가지 부자반열이 나오게 된다.

　하나는 자손들에게 어떻게든 상속해주려고 안간힘을 쓰는 부자들이다. 정당한 상속세, 증여세를 물고 자손들에게 물려주려는 부자도 있고 생전에 갖가지 비법을 동원하여 최대한 수완을 부려 자손들에게 많이 남겨주려고 노력을 기울이는 경우도 있는 것이다. 이것이 무슨 말인지는 대충 감을 잡았을 것이다.

　또 다른 하나는 자손들에겐 최소한의 것만 물려주거나 아니면 전액 모두를 기증하는 부자들도 있다. 부모의 부자가 된 경위를 알아 동일한 방법이든 창의적인 방법이든 부자의 길을 걸어가 자손 스스로 부자가 되길 바라는 마음을 모르는 것은 아니다. 하

지만 세상은 점점 더 투명해지고 거칠어져 경쟁을 잘해도 승산이 없는 경우가 더 많을 수 있다. '소도 언덕이 있어야 비빈다는' 속담처럼 비빌 언덕을 제공해주거나 적어도 확실히 비벼서 홀로 일어설 수 있는 강인한 사람으로 만들어줄 필요가 있을 것이다. 그런데 그런 기본을 물려주지 않고 자손들이 비비고자 하는 언덕 모두를 사회에 기증해 버리면 기증한 부모 자신만을 생각하는 독단의 극치일 수 있다.

특별히 주문하고픈 것은 이것이다. 부의 상속도 솔직히 필요하다. 그리고 물려준 부를 더욱 더 탄탄하게 잘 가꾸어갈 정신력도 같이 길러주어야 한다는 것이다.

어차피 많은 부자들이 전 재산을 사회에 환원하겠다 해서 기증한 사례는 많다. 하지만 여전히 찢어지게 가난한 사람도 많다. 그들의 전 재산 사회 기증은 별 효험이 없어 보인다. 오히려 기증받은 각종 재단의 운영비로 소모되고 말았거나 아니면 재단의 세를 과시하는 일의 일환으로 재단 창고에서 잠자고 있을 뿐인 것이다. 그러다 간혹 재단 간부나 재단 이사장의 비리와 횡령에 소실되고 마는 경우도 있었고 말이다.

해마다 각 방송국이다 종교단체다 해서 불우이웃을 위한 성금 모금이나 기부금을 걷어 들이지만 그도 또한 빈민을 구제하는 현실적 대안이 되지 못하고 있다.

아울러 엄청난 숫자의 빈민을 다 돌보기 위해 사회 환원이나 기증으로 해결하려는 것은 진정한 해결책이 되지 못한다. 진정한 빈민 해결책은 정신적 소프트웨어로 해결해야만 비로소 해결 가능해지는 것이다.

그러니 어느 정도의 빈민 해결은 정부에 내는 50퍼센트의 상속 증여세로 갈음토록 하고 자신의 부는 자손들에게 정신적 소프트웨어와 함께 물려주는 것이 좋을 것이다.

 # 법칙 돈이 모이는 단계

돈을 모아 부자가 된 사람들의 경험을 보면 수많은 시련과 단계가 존재함을 알 수 있다.

우선 100만원, 300만원, 500만원 순으로 기본 저축을 하기가 어려웠다고 한다. 그러다 1,000만원까지는 모으기 수월하고 다시금 3,000, 5,000, 1억까지 가면서 매번의 힘든 고비가 온다고 한다.

그런데 1억 부터는 조심해야 된다고 한다. 1억을 모으면 자기 스스로의 내면에서부터 각종 사치스런 욕망이 올라오게 된다. 5억을 넘어 10억을 향해 나아가면서 대단한 유혹들이 내, 외부로부터 오게 된다고 한다. 정신적인 한계도 오게 된다. 인생의 무상함, 고독감도 극도에 달하게 된다.

돈을 모으는 일은 국가대표 스포츠 선수가 금메달을 따기 위해 오직 일념으로 정진하는 시기와 같다고 한다. 그 보다도 더욱 더 힘들고 허물어지기 쉽다고 말한다.

정신을 대단히 집중해서 잘 단속하지 않으면 바람에 날리는 겨와 같은 것이 돈이라고 한다. 주변 사람들이나 친척들, 집안 친

족들의 욕구나 유혹을 물리치기가 정말 어렵다는 것이다.

이런 마당에 마음이 약해져 흔들리게 되면 그 많은 사람들의 욕구에 부응할 수밖에 없고 그렇게 되어 주머니를 빠져 나간 돈은 다시 돌아오지 않는다고 한다.

결국 자신과의 처절한 싸움을 감내해야 할뿐더러 주변사람들의 온갖 비난과 비아냥을 참고 이겨나가야 부자 반열에 들어서게 되는데 대부분 이즈음에서 탈락하게 된다는 것이다.

각종 동업 제의나 차용거래에 대한 인간적인 설득, 감언이설, 인맥을 동원한 유인과 자기 스스로의 욕망이나 유혹을 모두 단호하게 물리쳐야만 10억을 돌파하는 단계에 다다르게 될 수 있다.

10억의 선을 넘으면 이때부터 돈이 돈을 버는 단계로 자동화체계를 구축할 수 있다. 그렇게 되면 저절로 돈 관리에 대한 아집과 독선이 구축되어 나름의 아성이 생기게 되는 것이다.

이렇게 시작된 자동화체계는 금세 50억 100억을 향해 거침없이 질주를 하게 된다. 물론 100억을 넘길 때 다시금 시련이야 오지만 여기서 한 번 더 잘 참아내면 그 다음엔 순풍에 돛단배처럼 부자반열 속에 끼여 행복해 질 수 있다는 것이다.

부자가 못 되서 돈이 늘 없어서 고통 받는 것 보다는 모으고 굴려가는 고통을 즐겨라. 즐길 때에만 제대로 승리할 수 있다. 어떤 욕망도 버리고 무상무념의 정신을 가지면 반드시 부자가 될 수 있을 것이고 부자의 세계가 얼마나 아름다운 것인지 비로소 느끼게 될 것이다.

 # 돈이 넉넉해야 장사가 된다

'소매가 길어야 춤을 잘 추게 되고, 돈이 많아야 장사를 잘한다.' 라고 한비자는 말했다. 이 말은 중국 사기에도 등장한다. 해마다 신설법인이 수없이 생겨나지만 이중 80퍼센트 이상이 2년을 못 넘기고 폐업하는 현실이다.

3년이 지나면 거기서 또 상당수가 사라진다. 5년을 넘겨 살아남고 경쟁에서 이겨 사업성공하는 기업은 과연 얼마나 될까. 아주 소수의 최종 생존법인 만이 5년 뒤 명맥을 유지할 뿐이다. 이런 이야기를 하는 이유는 다름 아닌 부자의 길을 향해 달려가던 청운의 꿈들이 산산조각 났다는 것을 말하고 싶은 것이다.

다들 좋은 사업하자고 미래의 청사진을 펴서 식당이나 커피숍 등지에 앉아 모의를 한 뒤 인감증명서를 턱턱 끊어주고 시작한 사업이었다. 집안에 꼬불쳐 둔 돈 죄다 꺼내어 나오고 그것도 모자라 은행에서 신용대출을 받기도 하였고 그것마저 부족할 때에는 각종 담보를 제공하고 빌려와서 이른바 꿈에 투자한 것이다. 하지만 통계적으로 나오는 2년 폐업, 3년, 5년 사업실패는 무엇을 말해주는 것이며 무엇을 절감하게 하는가.

바로 무수한 고통의 나락을 보여주는 것이고 그 속에 흘린 처절한 눈물을 말해주는 것이다.

부자의 길로 가야하는 시간적 손실은 또 얼마나 클 것인가. 그것을 다시 재화가치로 환산하면 얼마나 엄청날 것인가.

소매가 길어야 춤이 제대로 멋진 법이고 돈이 넉넉해야 장사도 잘 되는 법이란 걸 말이다. 사업을 할 때에도 돈이 없으면, 돈이 부족하면, 그래서 돈을 빌려와야할 정도라면 사업은 하지 말아야 한다. 사업의 욕망과 기대를 버려야 한다. 절대 강행하면 안된다. 무리수다. 무리수는 수학적으론 계산이 불가능한 수를 무리수라고 한다. 계산이 안 나오는 일에 돈을 빌리고 심지어 집을 담보로 잡고 위험한 곡예를 한다면 돌이킬 수 없는 늪에 빠져 생명이 위험할 수 있다.

준비되지 않은 가난하고 오붓한 결혼은 해서 안 되는 것이다. 젊은 패기가 그 모든 부족한 준비를 대신해 주지 않는다. 젊은 패기로 자식을 낳아 기를 수는 더더욱 없다. 그러니 준비되지 않은 결혼은 아예 말던가, 미루던가, 잠정적으로 보류하여야 한다. 어차피 지금 문제되진 않아도 수개월 뒤 혹은 수년 뒤부터 문제가 되어 필경 당신의 발목을 잡게 될 것이다.

# 부자가 되는 습관을 정리하며

　부자가 되고 싶다면 이제 남은 일은 책을 덮고 실천하는 일 뿐이다. 이 책은 돈을 벌기 위한 방법과 돈을 활용하는 방법, 부자가 되기 위한 방법들을 정리해 놓았다. 부자가 되려는데 어떤 장해 요인이 있는지도 알아보았다. 이런 것이 머릿속에만 있다면 아무런 효용을 가질 수 없다. 오직 최대로 활용하는 것이 바로 부자가 되는 길 중의 길이다.

　정녕 부자가 되고 싶은 분들은 다음의 열 가지를 기억하고 반드시 실천하라.

첫째, 돈을 사랑하라.

둘째, 돈을 벌 수 있는 일이라면 모든 일에 주저하지 말라.

셋째, 행동을 습관화하라.

넷째, 독창성을 갖고 창조하라.

다섯째, 큰 꿈으로 이상과 포부를 실현하라.

여섯째, 자금 관리를 융통성 있게 하라.

일곱째, 노력과 인내로 금전 운에 힘을 불어 넣어라.

여덟째, 신용을 가장 중요하게 여겨라.

아홉째, 고객의 니즈, 인간의 욕망을 파악하여 돈을 벌어라.

열째, 돈을 벌고 싶다면 지금부터 실천하라.

이 책은 부자가 되기 위한 비결을 정리한 요약서이다. 사람들은 누구나 돈을 모으고 부자가 되고 싶은 욕구가 있다. 그러나 미래에 부자가 되고 되지 못하는 것은 바로 실천력의 정도에 따라 달라 질 수 있다.

당신의 인생을 멋지고 화려하게 가꾸고 싶은가? 그렇다면 부자가 되길 작정하고 지금부터 실천하라. 부자가 되는 길은 당신의 결심과 도전 속에서 더욱 가능해질 것이다.